# 草木とともに

## 牧野富太郎自伝



角川文庫
23235

# 草木とともに　牧野富太郎自伝

目次

# はじめのことば

私は、いま病床に横たわって、過ぎし九十五年の歳月を静かに回想している。苦しかった想い出、悲しかった想い出、楽しかった想い出が、走馬燈《そうまとう》のように脳裡《のうり》を去来する。

そしてこれらの数々の想い出が、みな一つに融《と》けあって、懐しく想い起されるのである。

植物研究のためにただ一すじに生きてきた私には、今何一つとして悔るところはない。私は、いま世俗を超越し淡々たる心境である。私は生ある限り今後も植物と共に生きていこうと思っている。

この随筆集は私が今までに書き記した随筆のいくつかをまとめたものである。この随筆集には、未発表のものも多く盛られている。私はこの随筆集を私の九十五歳の記念の贈り物として広く同好の士にわかちたいと思っている。

昭和三十一年十月菊花の香を病床に聴きつつ

結網学人　牧野富太郎

# 想い出すままに

# 幼少のころ

私は戌《いぬ》の年生れで、今年九十五歳になるが、未《いま》だに壮健で、老人めくことが非常に嫌いだ。したがって自分を翁だとか、叟だとか、または老だとか称したことは一度もない。回顧すると、私が土佐《とさ》の国高岡《たかおか》郡の佐川町《さかわちょう》で生まれ、呱々《ここ》の声をあげたのは文《ぶん》久《きゅう》二年の四月二十四日であって、ここにはじめて娑婆《しゃば》の空気を吸いはじめたのである。

私の町には士族が大分いたが、それはみな佐川の統治者深尾《ふかお》家の臣下であった。私の家は町人で、商売は雑貨と酒造業とであったが、後には、酒造業のみを営んでいた。

私が生まれて四歳の時に父が亡くなり、六歳の時に母が亡くなった。私は幼なかったから、父母の顔を覚えていない。そして、私には兄弟もなく姉妹もなく、ただ私一人のみ生まれた。つまり、孤児であったわけである。

生まれた時は、大変に体が弱かったらしい。そして乳母が雇われていた。けれども、酒屋の後継ぎ息子であったため、私の祖母が大変に大事にして私を育てた。祖父は両親より少し後で私の七歳の時に亡くなった。

私の店の屋号は、岸屋《きしや》といい、町内では旧家の一つだった。そして脇差をさすことを許されていた。私の幼い時の名は成太郎《せいたろう》であったが、後に富太郎《とみたろう》となった。これが今日の名である。

私の七歳位の時であったに思うが、私の町から四里ほど北の方の野老山《ところやま》という村で一揆《いっき》が起った。それは異人（西洋人）が人間の油を取ると迷信して、土民が騒いだので、これを鎮撫《ちんぶ》するために県府から役人が出張し、遂にその主魁者《しゅかいしゃ》三人ほどを逮捕し、隣村の越知《おち》の今成《いまなり》河原で斬首《ざんしゅ》に処したのであった。

この日は、何んでもひじょうに寒くて雪が降っていたが、私は見物に行く人の後について、二里余りもある同処へ見にいったことを覚えている。

それから、少し後の年であったが、私の町から四里余りも東の方にある高岡町に親類があって、そこへ連れられていったことがある。この高岡の町から東南の方二里位も隔たり、新居《にい》の浜がある。私はそこへ連れて行ってもらって生れてはじめて海を見た。その浜へ、打ち寄せる浪《なみ》はかなり高く、繰返し繰返しその浪頭が、巻いて崩れ倒れるさまを見て、私は浪が生きているもののように感じた。

幼少の頃の私は、痩《や》せっぽちで、脇骨がでていて、いたって弱々しく、友人たちは私のことを「ハタットオ」といってからかった。ハタットオとは土佐の言葉でバッタのことである。私はバッタのように痩せていたのだ。また、私はどこか日本人ばなれがしているというので「西洋ハタットオ」ともいわれた。

私の祖母は、病弱の私の体を大層心配して、クサギの虫や、赤蛙《あかひき》をせんじて疳《かん》のくすりだといって私に飲ませた。

ずっと後、私が二十六歳になった時、明治二十年にこの祖母は亡くなった。私は全くの独りになってしまった。家業は一切番頭まかせだった。また、従妹《いとこ》が一人いたので、これも家事を手伝ってくれて酒屋の商売をつづけていた。私はあまり、店の方の面倒を見ることを好まなかった。

# 地獄虫

土佐の国は高岡郡、佐川の町に生まれた私は、子供のころよく町の上の金峰《きんぷ》神社の山へ遊びにいった。山は子供にとって何となく面白いところで、鎌を持っていって木を伐《き》り、冬になるとコボテ（方言、小鳥を捕る仕掛け）を掛け、またキノコを採り、また陣処を作って戦さ事をしたりした。

この金峰神社はふつうには午王様《ごうさま》と呼ばれてわれ等の氏神様であった。麓《ふもと》から大分石段を登ってから、社地になるが、その社殿の前はかなり広い神庭、すなわち広場があった。

この社の周囲は森林で、主に常緑樹が多く、神殿に対する南の崖《がけ》の一面を除いて他の三方は神庭より低く、斜面地になっていて、そこが樹林である。西の斜面の林中に一つの大きなシイの木があって、われ等は、これを大ジイと呼んでいた。一抱え半ほどもある大きさの高い木であった。

秋がきて、熟したシィの実が落ちる頃になると、この神社の山はよくシィ拾いの子供に見舞われた。

シィは、みな実のまるい種で精《くわ》しくいえばコジイ、一名ツブラジイであるが、土地では単にこれをシィと呼び、ただその中で実の比較的大形なものをヤクヮンジイといい、極めて稀《まれ》ではあるが極小粒でやせて長い形をしたものを小米ジイととなえていた。

さて、この大ジイの木は、山の斜面に生えていて、その木の下あたりへももちろんシイ拾いに行ったわけだ。その木の下の方は大きな幹下《みきした》になっていて、日光もあまり届かず、うす暗くじめじめしていて、落葉が堆積《たいせき》していた。

私は、一日シィ拾いにここに来て、そこの落葉をかき分けかき分けして、落ちているシィの実をさがしていたところ、その落葉をさっとかき除《の》けて見た刹那《せつな》、「アッ！」と驚いた。そこには何百となく、数知れぬ蛆虫《うじむし》がうごめいていた。うす黒い色をした長い六、七分位の蛆だった。それはちょうど厠《かわや》の蛆虫の尾を取り除いたような奴で、幅およそ一寸半ぐらいの帯をなし、連々と密集してうごめいているではないか。

私は元来、毛虫（方言、イラ）だの、芋虫だののようなものが大嫌いなので、これを見るや否や、「こりゃ、たまらん！」と、大急ぎでその場を去ったが、今日でも、それを思い出すと、そのうようよと体を蠕動《ぜんどう》させていたことが目先きに浮び、何となくゾーッとする。しかし、その後私は今日に至るまで何処でも再びこんな虫に出会ったことがない。

この大ジイの木は、その後枯れてしまい、私が、二、三年前に久し振りに郷里に帰省したとき、そこに立寄ってみたら最早《もはや》その木は何の跡型もなくなっていた。

この蛆虫を見たとき、私と同町の学友堀見克礼《かつひろ》君にこのことを話したら同君は、「それは地獄虫というものだ」といったが、その時分まだ子供だった同君がどうしてそんな名を知っていたのか分らない。あるいは、当意即妙的に同君の創意で言ったのかも知れない、しかし、そこのことは今もって判らない。同君は、既に他界しているので、今さらこれを確める由もない。がしかし、とに角、地獄虫の名は、この暗いじめじめした落葉の下に棲《す》むうす黒い蛆虫に対しては名実相称《あいかの》うた好称であるといえる。

私の考えでは、この蛆虫は孵化《うか》すれば一種のハエになる幼虫ではなかろうかと想像するが心当りのある昆虫学者に御教示を願いたいと思っている。従来、二、三の御方に聴いては見たけれど、どうも満足な答えが得られなく何となく物足りなく感ずる。しかし、現在わが昆虫界もなかなか多士済々《たしせいせい》であるから、「うん、そりゃ何でもない。そりゃこれこれだ」と、蒙《もう》を啓《ひら》いてくれる御方がないとも限らない。しかし、もし不幸にしていよいよそれがないとなると、わたしは、日本の昆虫界に、まだこんな未知の世界が存在していることを知らせてあげたいという気になる。

ついでに、ここに面白いのは、この金峰神社の庭の西に向ったところが石垣になっていて、私の若かりし時分には、その石垣の間にタマシダが生えていたことを思い出す。それはもとより人の植えたものではない。元来、タマシダは瀕海地《ひんかいち》にある羊歯《しだ》だが、それが全く山いく重も隔て、海からは四里余りも奥のこの地点に生えていることはまことに珍らしい。残念なことには、今日、それが疾《と》っくに絶滅してしまっていて、すでに昔話しになってしまったことである。

今一つ、興味あることは、佐川の町を離れてずっと北の方に下山《しもやま》というところがあり、そこを流れているヤナゼ川にそった路側の岩上に海辺植物のフジナデシコが野生していた。これは私の少年時代のことであったが、今は疾《と》っくにそこに絶えて、これも昨日は今日の昔語りとなったのである。

# 狐の屁玉

幼少の頃、私は郷里佐川の附近の山へ、よく山遊びにいった。ある時、うす暗いシイの林の中をかさかさと落葉を踏んで歩いていると、可笑《おか》しなものが目についた。フットボールほどもある白い丸い玉が、落葉の間から頭を出していたのだ。私は「何だろう」と思って恐る恐るこれに近寄っていった。しかし、別に動きだしたりもせず、じっとしている。

「ははあ、これはキノコの化物だな」と私は直感した。そして、この白い大きな玉を手で撫《な》でてみた。すると、これはその肌ざわりからいって、まさにキノコであることが判った。「ずいぶん変ったキノコもあるもんだな、こりゃ驚いた」と、私はすっかりびっくりしてしまった。

家に帰ってから、山で見たキノコの化物のことを祖母に話すと、祖母は、「そんな妙なキノコがあっつるか？」と不思議そうにいった。これを聞いていた下女が、「それや、キッネノヘダマとちがいますかね」といったので私は、びっくりして下女の顔を見た。すると下女は、「そりゃ、キツネノヘダマにかわりません。うちの方じゃ、テングノヘダマともいいますさに」といった。

この下女は、いろいろな草やキノコの名を知っていて、私はたびたびへこまされたものである。

ある時、町はずれの小川から採ってきた水草を庭の鉢に浮かしておいたが、私はそれがどんな名の水草か知らなかった。すると、この下女が「その草、ヒルムシロとかわりませんね」といったので私はびっくりした。その後、高知で買った「救荒本草《きゅうこうほんぞう》」という本を見ていたら、「眼子菜《がんしさい》」という植物がのって居《お》り、これにヒルムシロという名がでていた。まさに、下女のいった通りだった。

さて、私が山で見たキツネノヘダマは、狐の屁玉《へだま》の意で、妙な名である。天狗《てんぐ》の屁玉ともいう。これは一つのキノコであって、屁玉といっても別に、屁のような悪臭はない。それのみか、食用になる。このキノコは、常に忽然《こつぜん》として地面の上に白く丸く出現する怪物である。

五、六月の候、竹藪《たけやぶ》、樹林下あるいは墓地のようなところに生える。大きさは人の頭ほどになる。はじめは、小さいが、次第に膨らんで来て、意外に大きくなる。小さいうちは色が白く、肉質で、中が充実しており、脆《もろ》くて豆腐のようだが、後には漸次、色が変り、ついに褐色になって、軽虚となり、中から煙が吹き出て気中に散漫するようになるが、この煙は、即ち胞子であるから、胞子雲と名づけても満更らではあるまい。

今から一ヵ年も前にでた深江輔仁《すけひと》の「本草和名《ほんぞうわみょう》」にこのキノコはオニフスベとでている。この名の意味は、「鬼を燻《ふす》べる」意だとも取れるが、私はフスベは「こぶ」のことであろうと思っている。つまりオニフスベとは、「鬼のこぶ」の意であると推考される。こぶこぶしく、ずっしりと太った体の鬼のことだから、すばらしく大きなこぶが膨れでてもよいのだ。そして、鬼を燻べるということだと解する人があったら、その人の考えは浅薄な想像の説であると思う。

このオニフスベは、わかいとき食用になる。今から、二百四十年ほど前の正徳《しょうとく》五年(一七一五年)に発行された「倭漢三才図会《わかんさんさいずえ》」には、

「薄皮ありて、灰白色、肉白く、頗る《すこぶ》ショウロに似たり、煮て食うに、味淡甘なり」

と書かれている。この時代、すでにこんなキノコを食することを知っていたのは面

白い事実である。

なおこのキノコを日本特産のキノコと認めて、はじめてその学名を発表したのは川《かわ》村清一《むらせいいち》博士であった。

# 寺子屋時代

明治四年、十才の頃、私は寺子屋にいって習字を習ったが、この寺子屋は佐川町の西谷というところにあった。私はここで土居謙護《けんご》という先生についてイロハから習いはじめた。

その後間もなく、佐川町のはずれの目細《めぼそ》というところにあった寺子屋に移った。この寺子屋は伊藤蘭林《いとうらんりん》（徳裕《のりひろ》）という先生が開いているものであった。

この寺子屋に来ているのは武士の子弟ばかりで、町人は山本富太郎という男と、かくいう牧野富太郎の二人だけだった。二人の富太郎が弟子入りしたわけである。

その頃は、まだ武士と町人との間には、はっきりした区別があって、武士の子は上座に坐《すわ》り、町人の子は下座に坐らされた。食事の時も別々で、挨拶《あいさつ》のしかたなども、武士は武士流に、町人は町人流にしたものである。

やがて、私は名教館《めいこうかん》に入校した。ここで学んだ教科書は、福沢諭吉《ふくざわゆきち》の「世界国尽《せかいくにづくし》」、川本幸民《かわもとこうみん》の「気海観瀾広義《きかいかんらんこうぎ》」、「輿地誌略《よちしりやく》」、「窮理図解《きゅうりずかい》」、「天変地異《てんぺんちい》」などであった。

明治七年、明治の政府は小学校令を施行して日本全国に小学校を設置したが、佐川町にも小学校ができ、私はここに入学した。その頃の小学校は、上等、下等の二つに分れていて、上等に八級、下等に八級あって、全部で十六級あった。試験にパスすると上等に進級するわけであるが、よくできる子は臨時試験を受けて、どんどん上の級に進むことができた。私は学校の成績はよく、どんどん進級して、一番上の上等の上級まで上がったが、卒業間近かの明治九年に退校してしまった。私が、学校と名のつくところで学んだのは、この二年あまりの小学校だけであった。それも、卒業はしなかった。

私の少年時代に、学問で身を立てることを決心した動機は、福沢諭吉先生の「学問のすすめ」という本を読んだことにあると思う。この本は、当時日本全国で読まれた名著だった。

明治十年、西南役《せいなんのえき》の最中《さなか》、私は佐川小学校の代用教員になって教鞭《きょうべん》をとる身となった。月給は三円だった。

この頃、佐川町に、高知県庁から、長持に三箱ほど外国の書物がとどき、それと一緒に二人の英学の先生がやって来た。一人は矢野矢という先生で、もう一人は長尾長という人だった。二人とも珍らしい名の先生だった。

私は、この二人の英学の先生について英学の勉強をはじめた。このとき、「カッケンボスの文典」「ピネオの文法書」「グードリッチの歴史書」「バァレーの万国史」「ミッチェルの世界地理」「ガヨーの地理」「カッケンボスの物理学」「カッケンボスの天文学」等の英書を勉強した。辞書は「エブスタアの辞書」や、薩摩《さつま》辞書を使った。その頃、英和辞書のことを薩摩辞書といっていた。また、ローマ字の「ヘボンの辞書」もあった。

やがて、私は、「学問をするには片田舎ではどうもいけん、もっと便利な都会に出にゃいけん」と考え、小学校の先生をやめて、高知へ出た。そして五松学舎という塾に入った。この塾は弘田《ひろた》正郎《まさろう》という先生が開いていた。この塾は高知市の大川筋《おおかわすじ》にあった。私はこの塾で、植物、地理、天文の書物を読んだ。塾の講義は主に漢学だった。この頃、私はさかんに詩吟をした。詩には起、承、転、結という区切りがあって、転句のところで調子を転ずるのが中々難しい。

間もなく高知にコレラが大流行したので、私は郷里の佐川に逃げ帰った。その頃、コレラのことをコロリといっていた。人びとは、石炭酸をインク壺《つぼ》に入れて持ち歩き、ときどき石炭酸を鼻の孔《あな》になすりつけて予防だといっていた。鼻の孔に石炭酸をなすりつけるとヒリヒリとしみて目から涙がでた。

それから間もなく、私はその頃、高知の師範学校に転任してきた永沼小一郎《ながぬまこいちろう》という先生と知り合った。この人と親しくなったことは私が植物研究に一生を捧《ささ》げる動機となった。

# 永沼小一郎のこと

今はすでに故人となったが、私の最も親しい師友であった人に、永沼小一郎という世にも珍らしい博学な天才の士があった。この人は丹後《たんご》、舞鶴《まいづる》の出身で、明治十二年に神戸の兵庫県立病院附属医学校から転じて、土佐高知市の学校へ来られ、同地の県立中学校、県立師範学校で長らく教鞭を執って居られた。氏は土佐を第二の故郷だと思われ、久しく高知に住まわれたが、その後明治三十年に教職を辞して上京され、小《こ》石川《いしかわ》区巣鴨町《すがもまち》に居を卜《ぼく》せられた。

氏は実に、世にも得難き碩学《せきがく》の士で、博《ひろ》く百科の学に精通し、それがまた通り一遍の知識でなく、悉《ことごと》くみなうんのうをきわめて居られた。文部省の教員免許状も、七、八科も持っていられた。このように氏の各方面に学問の深いことは高知に於《お》いても、県立病院の薬局長を兼任していたことからもうなずかれる。その頃、学校の教師で、薬局長を兼ねるということは他に類のないことだった。

氏は和漢洋の学に通じ、科学、文学、いくところとして可ならざるはなく、晩年には音階の声音の震動数が不規則だからこれを正しい震動数の音階に改正せねばならんと大いにそれに熱中してめんみつにこれを計算して居られたが、これは公に発表せられずに、この世を辞された。

私は永沼小一郎氏が高知へ転任されて来られたとき、その知遇を得、いろいろ教えられることが多かった。氏は英語が達者で、西洋の科学、特に植物学に精通し、高知の師範学校にあったバルホァーの「植物学」を飜訳したり、ベントレーの「植物書」を訳したりしていた。私は永沼氏と、早朝から深夜まで、学問の話に熱中することも稀ではなかった。私は、永沼氏と互に学問をみがき合ったことが、その後私の植物研究の基盤となったと思う。

# 火の玉を見たこと

時は、明治十五、六年頃、私がまだ二十一、二才頃の時であったろうと思っているが、その時分に時々、高知（土佐）から七里ほどの夜道を踏んで西方の郷里、佐川町へ帰ったことがあった。

斯《か》く夜中に歩いて帰ることは当時すこぶる興味を覚えていたので時々これを実行した。即ちある時は一人、又ある時は友人二、三人と一緒であった。

ある夏に、例の通り一人で高知から佐川に向った。郷里からさほど遠くない加茂《かも》村の内の字《あざ》、長竹《ながたけ》という在所に国道があって、そこが南向けに通じていた。北国道の両側は低い山でその向うの山はそれより高かった。まっ暗な夜で、別に風もなく静かであった。

多分午前三時頃でもあったろうか。ふと、向うを見ると突然空高く西の方から一個の火の玉が東に向いて水平に飛んで来た。ハッと思って見る内に、多分そこな山の木か、若《も》しくは岩かに突き当ったのであろう。パッと花火の火のように火花が散り砕けてすぐ消えてしまって、後はまっ暗であった。そして、その火の玉の色は少し赤みがかっていたように感じ、あえて青白いような光ではなかった。

次は、これと前後した頃であったと思う。矢張り、暗い闇の夜に高知から郷里に向っての帰途、岩目地《いわめじ》というところの低い岡の南側を通るように道がついている。この岡のところに林があって、そこに小さい神社があり、土地の人はこれを御竜様《おたつさま》と呼んでいる。この神社の下が即ち通路で、これは国道から南に少し離れた間道である。そしてこの道の南方一帯が水のある湿地で、小灌木《かんぼく》や水草などが生え繁って田などはなく、また固《もと》よりその近辺には一軒の人家も見えず、人家からは大分隔っている淋しい場所で、南東には岡があり、その麓に小さい川が流れて、右の湿地を抱いている。

ある年の夏、暗い夜の三時か、四時頃でもあったであろう。私は御竜様《おたつさま》の下の道からふと向うを見ると、その東南一町ほどの湿地、灌木などの茂っている辺に極く低く、一個の静かな火が見えていた。それは光の弱い火で極めて静かにじーっと沈んだようになっていた。私はこれを一つの陰火であったと今も思っているが、そこはよくケチビ（土佐では陰火をこういう）が出るといわれている地域である。

次は明治八、九年頃のことではなかったかと思っているが、私の佐川町で見た火の玉である。それは、まだ宵の内であったが、町で遊んでいると町の人家と人家との間からこの火の玉が見えた。これは、光りの極《ご》く弱い大きなまるい火の玉で、淡い月を見るような火の玉であった。この火の玉は上からやや斜めにゆるやかに下りてきて地面に近くなったところで、ついに人家に遮られて見えなくなった。そこの町名は新《しん》町《ちょう》で、その外側は東に向い、それから稲田がつづいていた。

なお、四国には、陰火がよく現われるところとして知られている土地がある。それは、徳島県海部《かいぶ》郡なる日和佐《ひわさ》町《ちょう》の附近で、ここには一つの川があって、その川の辺には時々陰火が現われるという、陰火の研究にでかけてみると面白いところだと思われる。

# 佐川の化石

私の郷里、佐川は有名な化石の産地である。貝石山、吉田屋敷《よしだ》、鳥《とり》の巣《す》等には化石の珍物が出るので名高い。

ナウマンという外国の鉱物学の先生や、わが国地質学の大御所だった小藤文二郎《ことうぶんじろう》博士等も、よくこの化石採集のために佐川に来られた。

小藤博士が、佐川に見えたとき、私はまだ書生だったが、先生の着て居られた鼠色のモーニングコートがひどく気に入った。私も一度あのような素敵な洋服を着てみたいものと思った。

そこで、小藤博士のお伴をして化石採集にでかけた折に、そのモーニングコートをしばらく拝借したいことを申し出た。

私は、早速その服をもって洋服屋を訪ね、それと同じものを註文《ちゅうもん》したことがあった。

佐川の町の人たちは、科学に親しむ風があったが、これはこのような大先生方がこの地を訪れたことに刺激されたものと思う。

私もよく、化石を採集した。佐川には、外山矯という人が居って、この人は化石蒐《しゅう》集家《しゅうか》として名高い人で、学者たちは佐川に来るとこの人に助力を仰いだものだ。

佐川にでる貝の化石に「ダオネラ・サカワナ」という珍品があるが、これは佐川から出た化石として記念すべきものである。

この頃、私は、佐川の町の人々が化石を通して科学に親しむ風のあるのを喜び、率先して佐川に理学会なる会を設けた。

この理学会では、さかんに討論会をしたり、講演会を開いたりした。会場は町の小学校を使い、町の若い人たちが数多く会員になっていた。

私は、東京で買い求めて来た科学書を皆に見せてやったりした。

この理学会を指導していた私は、「会報を発行して、みなの意見をのせよう」と思いたち「格致雑誌」という雑誌を発行した。「格致」というのは「物事の理をきわめて知識を深める」という意で、私の発案であった。

この雑誌の第一号は、私が自ら半紙に毛筆で書いた回覧雑誌だった。当時、佐川の町には印刷所などというものはなかったからである。

この格致雑誌の第一号には、化石のことがいろいろと出ている。

# 自由党脱退

　私の青年時代は、土佐は自由党の天下であった。「自由は土佐の山間から出る」とまでいわれ、土佐の人々は大いに気勢をあげたもんである。自由党の本尊は、郷土の大先輩板垣退助《いたがきたいすけ》で、土佐一国はまさに自由党の国であった。

「板垣死すとも、自由は死せず」とこの大先輩は怒号した。

　私の郷里佐川町も、全町挙《こぞ》って自由党員であった。私も熱心な党員の一人であって、政治に関する書物を随分読んだ。殊に、スペンサアの本などは愛読したものだ。

「人間は自由で、平等の権利を持つべきである。日本政府も、自由を尊重する政府でなければいけん。圧制を行う政府は、よろしく打倒すべし」

　というわけで、大いに気勢をあげた。

　その後、そこの村、ここの村で自由党の懇親会が開催され、志士たちは、競って壇上に駈《か》け上って政府攻撃の演説を行った。私も、この懇親会にはしばしば出席し、肩を怒らして時局を談じた。

しかし、私は「わしは何も政治で身を立てるわけではない。私の使命は、学問に専心して国に報ずることである」と考え、政治論争の時間を、植物研究に向けるべきであると悟った。

そこで、私は自由党を脱退することにした。自由党の同志たちも、私の決心を諒《りよう》とし、この脱退を許してくれた。

自由党を脱退したことにつき、思い出すのは、この脱退が、芝居がかりで行われたことである。

私は、党を脱退するにつき、一芝居打つことを計画し、紺屋《こうや》に頼んで、大きな旗をつくらした。この旗には、魑魅魍魎《ちみもうりよう》が火に焼かれて逃げて行く絵が画かれてあった。

その時、ちょうど隣村の越知《おち》村で自由党大会が開かれることになっていた。会場は、仁淀《によど》川という川の河原であった。この河原は美しいところで、広々としていた。

私は、佐川町のわれわれの同志をあつめ、例の奇抜な旗を巻いて、大会場に乗り込んだ。われわれの仲間は十五、六人ほどいた。

会場に入ると、各村の弁士たちが、入れ替り、立ち替り、熱弁をふるっていた。

その最中、私たちは、例の大旗をさっと差し出し、脱退の意を表し、大声で歌を歌いながら、会場を脱出した。人々は、あっけにとられて私たちを見送っていた。

この旗は、今でも佐川町に保存されている筈《はず》である。

# 東京への初旅

明治十四年四月、私は郷里佐川をあとに、文明開化の中心地東京へ向って旅にでた。その頃、東京へ旅行することは、まるで外国へでもでかけるようなものであった。私は盛んな送別を受けて、出発した。同行者には以前家の番頭だった佐枝竹蔵の息子の佐枝熊吉と、も一人実直な会計係をつれていった。

何しろ、その頃は四国にはまだ鉄道というものなどはない時代なので、佐川の町から徒歩で高知にでて、高知から蒸汽船に乗って海路神戸《こうべ》に向った。私は生れてはじめて蒸汽船というものに乗った。

私は瀬戸《せと》内海《ないかい》の海上から六甲山《ろっこうさん》の禿山《はげやま》を見てびっくりした。はじめは雪が積っているのかと思った。土佐の山に禿山などは一つもないからであった。

神戸から京都までは陸蒸汽《おか》とよばれていた汽車があったので、これを利用して京都へでた。京都から先は徒歩で、大津《おおつ》、水口《みなくち》、土山《つちやま》を経て鈴鹿《すずか》峠を越え、四日市《よっかいち》に向った。道々、私は見慣れない植物に出遇《であ》って目を見張った。シラガシをはじめて見たときは、びっくりしてしまった。あまり珍らしいので、その芽生えを茶筒に入れて故郷に送り、庭に植えさせることにした。鈴鹿を越えたところでアブラチャンの花の咲いているのを見て、珍らしさの余り、これを大切にかばんに入れて東京まで持っていった。

四日市からは、再び蒸汽船に乗って横浜《よこはま》に向った。この汽船は、遠州灘《えんしゅうなだ》を通って横浜へ行くもので、外輪船だった。外輪船というのは船の両側に大きな水車がついて廻《まわ》るしくみになっている船である。汽船の名は和歌浦丸といった。三等船室にごろごろして、何日かを過したのち横浜についた。横浜から新橋《しんばし》までは、陸蒸汽が通っていたので、これに乗った。

私は、新橋の駅に下りたったとき、東京の町の豪勢なのにすっかりたまげてしまった。何よりも驚いたことは人の多いことであった。

私たちは、神田猿楽町《かんださるがくちょう》に宿をとり、毎日東京見物をした。その時、ちょうど東京では勧業《かんぎょう》博覧会が開かれていたのでこれを見物した。

今の帝国《ていこく》ホテルのあるあたりは当時山下町《やましたちょう》といっていたが、ここに博物局という役所があり、田中芳男《たなかよしお》という人がそこの局長をしていた。この人は後に男爵になり、貴族院議員になった人である。私は、この田中芳男氏に面会を求めた。田中氏はこころよく会ってくれ、その部下の小野職愨《おのもとよし》、小森頼信《こもりよしのぶ》という二人の植物係に命じて私の案内をさせてくれた。この小野氏は小野蘭山《らんざん》の子孫に当る人だった。私は、植物園などを見学させてもらった。

私は、東京へ来たついでに、ひとつ有名な日光《にっこう》まで足をのばしてみようと思い、五月の末、千住《せんじゅ》大橋からてくてく歩きながら日光街道を日光に向った。途中、宇都宮《うつのみや》に一泊した。有名な日光の杉並木は人力車で通った。

中禅寺《ちゅうぜんじ》の湖畔で、私は石ころの間からニラのようなものが生えているのを見つけた。この植物は、ヒメニラだったと思うが、その後日光でヒメニラを採集したという話をきかないので、今だに疑問に思っている。

日光から帰京すると、すぐ荷物をまとめて帰郷することにした。帰路は、東海道《とうかいどう》をたどって陸路、京都へでる計画だった。この時は、新橋から横浜まで陸蒸汽で行き、あとは徒歩でいった。時折、人力車や馬車を利用した。

一週間ほどかかって関ケ原《せきがはら》につくと、私は伊吹山《いぶきやま》に登って見たくなり、他の者と京都の三条《さんじょう》の宿で待ち合わす約束をして、ひとりで伊吹山に向った。伊吹山の麓で、薬業を営む人の家に泊り、山を案内してもらった。伊吹山には、いろいろ珍らしい植物が生えていたのでさかんに採集した。しかし、その頃は胴籃《どうらん》という採集具がなかったので、採集した植物は紙の間にはさんで整理した。伊吹山では、イブキスミレという珍らしい植物を発見した。

この時、あまり沢山採集したので、荷物が山のようになり持運びに困ってしまった。泊った家の庭先に積んであったアベマキの薪まで、珍らしいので荷物の中にしまいこんだ。

伊吹山からは、長浜《ながはま》へでて、琵琶《びわ》湖を汽船で渡り、大津へでて、京都に入った。そして三条の宿で連れと一緒になって、無事に佐川に帰ってきた。

# 狸の巣

明治十七年、再度上京して東京に居を定めた私は、飯田町《いいだまち》の山田顕義《やまだあきよし》という政府の高官の屋敷近くに下宿を見つけた。当時、下宿代は月四円であった。

下宿の私の部屋は、採集した植物や、新聞紙や、泥などが一面に散らかっていたので、「牧野の部屋はまるで狸の巣のようだ」とよくいわれたものである。

私は幸運にも、東京大学の植物学教室に出入を許され、研究上の便宜を与えられていた。この狸の巣には、植物学の松村任三《まつむらじんぞう》先生や、動物学の石川千代松《いしかわちよまつ》先生などもよく訪ねてきた。

とりわけ、しばしばやってきたのは、その頃、まだ植物学科の学生だった池野成一郎《いけのせいいちろう》であった。

池野は、私の下宿にくると、早速上衣《うわぎ》を脱ぎ、両足を高く床柱にもたせて、頭を下にしながら、無遠慮にふるまった。それほど、二人は親しかったのである。

その頃、本郷《ほんごう》の春木町《はるきちょう》に、梅月という菓子屋があって、「ドウラン」と呼ぶ栗饅頭《くりまんじゅう》みたいな菓子を売っていた。形が煙草入れの胴乱みたいな菓子で、この名があった。この菓子は大層うまかったので、池野と二人でよく食ったものである。

池野成一郎はすこぶる頭のよい男で、外国語の天才だった。特にフランス語はうまかった。英語などは、一寸《ちょっと》の間に便所で用を足しながら憶《おぼ》えてしまった。

その頃、わたしは、東京の生活が飽きると、郷里に帰り、郷里の生活が退屈になると、また東京の狸の巣に戻るという具合いに、大体一年毎に郷里と東京との間を往復してくらしていた。

私の下宿によく遊びにきた友人に、市川延次郎（後に田中と改姓）と染谷徳五郎という二人の男がいた。共に東京大学の植物学教室の選科の学生だった。

市川延次郎は、器用な男で、なかなか通人でもあった。染谷徳五郎は筆をもつのが好きな男だった。私は、この人とは極めて懇意にしていた。

市川延次郎の家は、千住大橋にあり、酒店だったが、私はよく市川の家に遊びに出かけて、一緒に好物のスキヤキをつついたものだ。

ある時、市川、染谷、私の三人で相談の結果、植物の雑誌を刊行しようということになった。

三人で、原稿を書き、体裁もできたので、いよいよこれを出版することになった。そこで一応、植物学教室の矢田部《やたべ》教授に諒解を求めて置かねばならんと思い、矢田部教授にこの旨を伝えた。

矢田部教授は、大賛成で、この雑誌を、東京植物学会の機関誌にしたいという意見だった。

このようにして、明治二十一年、私たち三人の作った雑誌が土台となり、矢田部教授の手がこれに加わり、「植物学雑誌」創刊号が発刊されることになった。

当時、この種の学術雑誌としては、僅《わず》かに「東洋学芸雑誌」があるのみであった。白井《しらい》光太郎《みつたろう》などは、この雑誌が続けばよいと危惧《きぐ》の念を抱いていたようだ。「植物学雑誌」が発刊されると、間もなく、「動物雑誌」、「人類学雑誌」などが相ついで発刊されることになった。

私は思うに、「植物学雑誌」は武士であり、「動物学雑誌」の方は町人であったと思う。というわけは「植物学雑誌」の方は文章も雅文体で、精錬されていたが、「動物学雑誌」の方は文章も幼稚で、はるかに下手であったからである。

そして、「植物学雑誌」の編集方法として、一年交代に編集幹事をおくことにした。

堀正太郎《ほりしょうたろう》君が編集幹事をしたときなどは、横書きを主張し、同君の編集した一ヵ年だけは雑誌が横書きになっている。

雑誌は各ページ、子持線で囲まれ、きちんとしていて気持がよかった。そのうえ、いつの間にか、この囲み線は廃止されたが、私は今でも雑誌は囲み線で囲まれている方がよいと思っている。

私は、狸の巣で、さかんにこの植物学雑誌に載せる論文を書いた。

また、私は、植物の知識が殖えるにつけ、自分の手で「日本植物志」を編纂《へんさん》してみようと思い立った。

植物の図や、文章を書くことは、別に支障はなかったが、これを版にするについて困難があった。

私ははじめ、これを郷里の土佐で出版する考えであった。そのためには、自身印刷の技術を心得ていなければいけんと思い、一年間、神田錦町《かんだにしきちょう》の小さな石版屋に通って、石版印刷の技術を習得した。そして、石版印刷の機械も一台購入して、これを郷里に送っておいた。

しかし、その後、出版はやはり東京でやる方が何かと便利だと気付き、郷里でやる計画は中止した。

この志は、明治二十一年十一月に結実し、私は「日本植物志図篇第一巻第一集」を自力で出版した。私の考えでは、図の方が文章より早わかりがすると思ったので、まず図篇の方を先に出版したわけであった。

この出版は、私にとっては全く苦心の結晶であった。私は、これは世に誇り得るものと自負している。

# 三好学博士のこと

日本の植物学に、生理学、生態学を導入した功労者三好学《みよしまなぶ》博士は、サクラの博士としても名高いが、私と三好学とは、青年時代からの親友だった。

私が、東京大学の植物学教室に出入をはじめたころ、三好学、岡村金太郎《おかむらきんたろう》等はまだ学生だった。三好と私は仲がよかった。

三好はどちらかというと、もちもちした人づきの悪い男だったが、いたって気のいい男だった。

岡村金太郎の方は、三好とは正反対の性格で極めてさらさらした男で、江戸っ子肌の男だった。

この三好と岡村はよく喧嘩《けんか》をした。ある時、岡村が書庫の鍵《かぎ》を失くして困っていたことがあった。ところが三好がこれを矢田部教授にいいつけたとかで、二人はえらい大喧嘩をしたことがあった。わたしは、いつも喧嘩の仲裁役だった。

私は、三好と一緒によく東京近郊へ植物採集にでかけた。ある時、三好の同郷の森吉太郎という男が上京してきた折、三人で平林寺《へいりんじ》に植物採集にでかけたことがあった。

その頃は、交通は全く不便で、西片町《にしかたまち》の三好の家から出発して、白子《しらこ》、野火止《のびとめ》、膝折《ひざおり》をへて、平林寺にでるというコースで、往復十里余も歩いた。

この時、平林寺の附近で、「カガリビソウ」をはじめて採集したことを憶えている、私はこの草をこの時はじめて見た。四国にはない草だからである。この時、三好は、この草を見るとすぐ「それは、カガリビソウだろ」といったのには驚いた。

# 池野成一郎博士のこと

昭和十三年、東京日日《にちにち》新聞社で「友を語る」という題で、四方諸士からの投稿を求めたことがあった。私もこの依頼に応じて一拙文を提出し、それが同新聞紙上に載ったのは四月二十三日だった。そのとき、こんなことを書いた。

今から、五十三年前（今年からだと七十一年前）明治十八年に、はじめて植物学の卒業生を出した東大の植物学教室は、今日に至るまで凡《およ》そ三百人に近い植物学専門の理学士を製造した。その中に、明治二十三年に卒業した、理学博士の池野成一郎があった。

私は、明治二十六年に招かれて民間から入って同大学の助手となったが、それより前、明治十七年以来、同教室の人々とは皆友達であった。その中でも、池野君とは、お互に隔てがなく、最も親しく交際した。これは多分両人が何となく自然に気が合っていたからであろう。いわゆる意気投合ということか。時々、相携えて東京の郊外へ植物の採集にでかけ、明治二十一年日本に産することが初めて分ったアズマツメクサも池野君と私とが大箕谷八幡《おおみやはちまん》下の田圃《たんぼ》で一緒に見付けたものだ。

君が卒業した年の秋、二人で東京を立って採集のため東北地方に向ったが、折からの出水で汽車が不通となり、やむを得ず小山《おやま》駅から水戸《みと》に出で《い》磐城《いわき》を北へ北へと歩いて仙台《せんだい》に着き、遂に陸中《りくちゅう》の栗駒山《くりこまやま》に登ったこともあった。日が暮れて、水戸から凡そ七里ほど北の下孫《しもまご》というところのいぶせき宿屋に宿り、平潟《ひらかた》で旅宿の女中が茶代をちょろまかしたこと、磐城の湯本《ゆもと》の宿屋で、これはここで一番上等だといって黒砂糖で製した駄菓子を出してくれたことなどがあって、今でも話のたねとなっている。

同君は非常によく学問のできる秀でた頭脳の持主で、彼のソテツの精虫の発見は有名な業績であり、平瀬作五郎《ひらせさくごろう》君のイチョウの精虫発見も実は池野君に負うところが少くなかった。同君は優秀なる学識の上に、なお仏、独、英等の語に精通し、今では専ら学術研究会議発行の国際的な「日本植物学輯報《しゅうほう》」の編輯に従事せられ、また帝国学士院の会員でもある。

池野君は初めから私に対し人一倍親切であった。それ故私も同君に対しては最も親しみを感じていた。私がまだ大学の職員とならぬ前、民間にあって「日本植物志」の当時の書物を著わし、これを発行している時、それは明治二十四年の頃であったが、当時の大学教授矢田部良吉《りょうきち》博士の圧迫を受け、私はこれに対抗して奮戦し、右の著書を続刊したことがあって、当時その書につき私は同君の大なる助力を受けた。かく私に対して同情せられた君の友誼《ゆうぎ》は、何時までも忘れ得ないものである。

同君は卒業後、滅多《めった》に大学の植物学教室へは見えなかったが、たまには来られた。同君は「僕は牧野君がいるから、それで行くのだ」といっておられたことを、私は他から聞いて、この上もなくうれしく感じ、一入《ひとしお》同君を頼もしく思った。

同君はすこぶる菓子好きで、十や二十をぱくつくことなどは何のぞうさもなかった。また食べる速力がとても早くて、一緒に相対して牛鍋《ぎゅうなべ》をつつき合うとき、こちらが油断していると、みな同君にしてやられてしまう危険率が多かった。

同君は、不幸にして昭和十八年十月四日遂に歿《ぼっ》した。年は七十八歳だった。私は同君が亡くなる数日前、野原茂六博士と計り同君の大好物だった虎屋《とらや》の餅菓子一折を携えて同君を見舞った折、さっそく一個つまんで口にし、余りは後刻の楽しみにしようといって、これを看護婦に預けられたので、われわれ両人は共々まことに嬉《うれ》しかったのが、今もって想い出される。

# 破門草事件

明治十九年頃までは、日本の植物学者は新種の植物を発見しても、自からこれに学名をつけることをせず、ロシアの植物学者マキシモウィッチ教授へ、標品を送って、学名をきめてもらっていた。

その頃、有名な「破門草事件」という事件があった。ことの真相を知っているのは、今日では私一人であろう。

ある時、矢田部良吉教授が戸隠山《とがくしやま》で採集した「トガクシショウマ」の標品を、マキシモウィッチ教授に送って、学名を附してもらうことにした。マキシモウィッチ教授は、この植物を研究したところ、新種であったので、この植物に「ヤタベア・ジャポニカ」という学名を附した。ヤタベアというのは発見者矢田部教授の名に因《ちな》んでの命名であった。そして、も少し材料が欲しいから標品を送るようにという手紙が、東京大学の植物学教室にとどいた。

マキシモウィッチ教授から、このような手紙が矢田部教授に来たことを、教室の大《おお》久《く》保《ぼ》三郎《さぶろう》が、伊《い》藤篤太郎《とうとくたろう》に洩《も》らした。伊藤篤太郎はその頃よく教室に出入りしていた人である。

大久保三郎は、伊藤の性質をよく知っているので、「この手紙を見せてやるが、お前が先に学名を付けたりしない」という約束をさせた。

ところが、その後三カ月ほど経って、イギリスの植物学雑誌「ジョーナル・オブ・ボタニイ」誌上に、トガクシショウマに関し、伊藤篤太郎が、報告文を載せ、トガクシショウマに対し「ランザニア・ジャポニカ」なる学名を付して公表してしまった。

これを見て激怒したのは矢田部教授であり、違約を知って驚いたのは大久保三郎であった。

あげくの果て、伊藤篤太郎は教室出入を禁ぜられてしまった。

このことから「トガクシショウマ」の事をいつしか「破門草」というようになったのである。

私は伊藤篤太郎は、たしかに徳義上甚だよろしくないと思うが、しかし同情すべき点もあったと思う。

　このトガクシショウマは、矢田部教授が戸隠山で採集する以前に、すでに伊藤篤太郎がこの植物のことを知っていたのである。そしてこのトガクシショウマに対して「ポドフィルム・ジャポニクム」なる名を付して、ロシアの雑誌にのせていたのである。伊藤にしてみれば、自分が発見し、研究した植物が矢田部教授に横取りされて、「ヤタベア」などという学名をつけられたのでは、心中すこぶる穏かでなかったのであろう。

## イチョウ騒動

夢想だにもしなかったイチョウに精虫があるとの、日本人の日本での発見はまさに青天の霹靂《へきれき》で、天下の学者をアッと驚倒せしめた学界の一大珍事であった。

このため、従来平凡に松柏《しょうはく》科中に伍《ご》していたイチョウがたちまち一躍して、独立してイチョウ科ができるやら、イチョウ門ができるやら、イヤハヤ大いに世界を騒がせたもんだ。そして、この精虫をはじめて発見した人は、東京大学理科大学植物学教室に勤めていた、一画工の平瀬作五郎であって、その発見は、実に明治二十九年（一八九六）の九月で、今から丁度六十年前のことである。

こんな重大な世界的発見をしたのだから、ふつうならむろん平瀬氏は、易々と博士号をもらえる資格があるといってもよいのであったが、世事魔多く、底には底があって、不幸にもその栄冠をかち得なかったばかりでなく、忽《たちま》ち策動者の犠牲となって、江州《ごうしゅう》は琵琶湖畔彦根町《ひこねまち》にある彦根中学校の教師として遠く左遷せられる憂目をみたのは、憐《あわ》れというも愚かな話であった。

けれども、赫々《かくかく》たるその功績は没すべくもなく、公刊せられた「大学紀要」上におけるその論文は、燦然《さんぜん》としていつまでも光彩を放っている。宜《む》べなるかな、後ち明治四十五年（一九一二）に帝国学士院から恩賜賞ならびに賞金を授与せられる光栄を担った。

このイチョウの実の中にある精虫を発見したその材料の木、即ち眼を傷つけてまで、その実を自分で採集したその木は、大学附属の小石川植物園内に高く聳立《しょうりつ》するイチョウの大木であった。その木はこの由緒ある記念樹として、今なお活《い》きて繁茂し、初冬にはその葉色黄変してすこぶる壮観を呈するのである。

# 矢田部教授の溺死

明治初年、東京大学創設に当って、植物学主任教授として、日本の植物学界に君臨していたのは矢田部良吉教授であった。

その頃、東京大学の植物学教室は、「青長屋」と呼ばれていた。植物学教室には、矢田部良吉教授、松村任三助教授、大久保三郎助手の三人の植物学者がいた。

私が土佐の山奥から、上京して、この植物学教室に出入りするようになったのは明治十七年のことであったが、その頃、この教室の学生には、三好学、岡村金太郎、池野成一郎などがいた。

矢田部教授は、「四国の山奥から、えらく植物に熱心な男がでてきた」というわけで、非常に私を歓迎して呉《く》れ、自宅で御馳走《ごちそう》になったこともあった。

ところが、明治二十三年頃、矢田部教授は突然、私に宣告して言うには、

「お前は近頃、日本植物志を刊行しているが、わしも同じような本を出版しようと思うから、今後お前には教室の書物も、標本も見せるわけにはいかない」

というのである。私は呆然《ぼうぜん》としてしまった。私は、麴町富士見町《こうじまちふじみちょう》の矢田部教授宅を訪ね、

「今、日本には植物を研究する人は極めて少数である。その中の一人でも圧迫して、研究を封ずるようなことをしては、日本の植物学にとって損失であるから、私に教室の本や標品を見せんということは、撤回して呉れ、また、先輩は後進を引立てるのが義務ではないか」

と、言葉を尽して懇願したが、矢田部教授は頑として聴かず、

「西洋でも、一つの仕事の出来上るまでは、他には見せんのがしきたりだから、自分が仕事をやる間は、お前は教室に来てはならん」

と、けんもほろろに拒絶された。私は、大学の職員でもなく、また学生でもなく、ただ矢田部教授の好意によって、教室出入を許されていただけなので、この拒絶に会えば、自説を固持するわけにはいかなくなったので、悄然《しょうぜん》として「狸の巣」といわれた私の下宿にもどり、くやし泣きに泣いた。

矢田部良吉博士は、嘉永《かえい》四年（一八五一）に伊豆韮山《いずにらやま》に江川太郎左衛門《えがわたろうざえもん》に仕えた蘭

学者を父として生まれ、明治三年に開成《かいせい》学校の職を辞して外務省に入り、森有礼《もりありのり》に従って外山正一《とやままさかず》とともに渡米した。そして、明治六年九月、留学生としてアメリカ合衆国コーネル大学に入学した。

矢田部はそこでハックスレーの植物学を修め、明治九年帰朝した。彼は、帰朝するや、かつて勤務していた開成学校に一時復職したが、東京大学創設に当って、理学部教授となり、進化論を日本に移植した人である。

私は、植物学教室出入を禁ぜられて、空しく郷里に引籠《ひきこも》っていた明治二十五年、突然矢田部教授は、罷職に附された。

時の東京大学総長菊池大麓《きくちだいろく》は、突如矢田部教授罷免の処置にでたが、これは矢田部良吉との権力争いであったと伝えられる。

大学教授を罷免された矢田部博士は、木から落ちた猿も同然で、全く気の毒であった。

矢田部失脚の遠因は、いろいろ伝えられている。矢田部博士は外遊によって、中々の西洋かぶれとなり、鹿鳴館《ろくめいかん》に通ってダンスに熱中したりしていたが、そのころ兼職で校長をしていた一つ橋《ひとつばし》の高等女学校(お茶《ちゃ》の水《みず》大学の前身)の教え子の美人女学生を妻君に迎えたり、「国の基」という雑誌に「良人を択ぶには、よろしく理学士か、教育者でなければいかん」という無茶な論説をかかげて物議を醸したりしていた。当時の「毎日新聞」には矢田部良吉をモデルにした小説が連載され、挿絵まで入っていた。

大学を追われた矢田部博士は、高等師範学校（今の教育大学の前身）の校長になった。彼はさかんにローマ字運動を行っていた。

ところが、明治三十二年の夏、鎌倉《かまくら》の海で水泳中、溺死《できし》し、非業の最後を遂げた。ことのいきさつは、ともかくとして、私は矢田部博士の死を惜しむ気持で一ぱいだった。学問上の競争相手としての矢田部博士を失ったことは、何としても遺憾であった。

なお、矢田部博士の令息は、音楽界に名を知られた矢田部勁吉氏である。

矢田部博士、罷免のことがあった直後、私は、大学に迎えられて、月俸十五円の東京帝国大学助手に任ぜられることになった。

## 西洋音楽事始め

東京大学植物学教室の出入りを禁ぜられて、悄然と郷里に帰った私は、郷土の植物採集に熱中していたが、ある日、知り合いの新聞記者に誘われて、高知女子師範学校にでかけていった。

この頃、西洋音楽というものはすこぶる珍らしいものであったが、高知女子師範学校にはじめて西洋音楽の教師として、門奈九里という女教師が赴任してきた。そこで、この先生の唱歌の授業を参観にでかけたわけであった。

私は、この音楽の練習を聴いていると、拍子のとり方からして、間違っていることを感じた。「これはいけん。こういう間違った音楽を、土佐の人に教えられては、土佐に間違った音楽が普及してしまう」と思って、早速、村岡という師範学校長へこの旨を進言した。ところが、村岡校長は、一介の書生である私の言の如きには全く耳を傾けなかったので私は、「よしそれなら、正しい西洋音楽を身を以《もっ》て示してやろう」と考え、高知音楽会なるものを創立した。

この高知音楽会には、男女二、三十人の音楽愛好家が集まった。幸い、高知の本町に、満森徳治という弁護士の家があり、ここには当時めったになかったピアノが一台あったので、ここを練習場にした。

会員のなかには、オルガンをここへ持ちこんだりする者もあった。そしてまた手わけして色々の楽譜を集めた。

私はこの高知音楽会の指導者であった。まず唱歌の練習からはじめた。唱歌といっても、軍歌だろうが、小学唱歌だろうが、中等唱歌集だろうが、何でもかまわず、大いに歌いまくって、気勢をあげた。

ある時は、お寺を借りて、音楽大会を催した。会場には、ピアノを据えつけ、会員が段上に並び、私がタクトを振って指揮した。

開闢《かいびゃく》以来、土佐で音楽会が開かれたのはこれが初めてであったので、大勢の人々が、好奇心にかられて参会し、この音楽会はすこぶる盛大であった。

この間、私は、高知の延命館という一流の宿屋に陣取っていた。そのため大分散財してしまった。

こうして、明治二十五年は高知で西洋音楽普及のために狂奔して、夢のように過してしまった。

その後、上京した折、東京上野《うえの》の音楽学校の校長をしていた村岡範一氏や、同校の有力教授に運動して、優秀な音楽教師を土佐に送るように懇請した結果、新しい教師が派遣されることになり、気の毒ではあったが門奈九里女史は、高知を去ることになった。

というわけで、私は、郷里土佐にはじめて西洋音楽を普及させた功労者であると自負している。

# ロシア亡命計画

矢田部教授から、植物学教室出入りを禁ぜられて、途方に暮れていた私は、思い切ってロシアに行こうと決心した。ロシアには、マキシモウィッチという植物学者がいて、明治初年に函館《はこだて》に長く居ったのであるが、この人が日本の植物を研究して、その著述も大部分進んでいるということであった。私は、これまでよくこの人に植物標品を送って、種々名称など教えてもらっていたが、私の送る標品には大変珍らしいものがあるというので、大いに歓迎してくれ、先方からは同氏の著書などを送ってよこしたりした。このときはいつも教室に一部、私に一部というように特に私に厚意を示してくれた。

この時分には、私もかなり標品を集めていたから、これを全部持って、このマキシモウィッチの許《もと》へ行き、大いに同氏を助けてやろうと考えたのである。

しかし、このロシア行の橋渡しをしてくれる人がないので、私は駿河台《するがだい》のニコライ会堂へ行って、そこの教主に事情を話して頼んだところ、「よろしい」と快諾してくれ、早速手紙をやってくれた。

しばらくすると、返事が来たが、それによると、私から依頼が行ったとき、マキシモウィッチは流行性感冒に侵されて病床にあった。そして私がロシアに来ることを大変喜んでいてくれたが、不幸にして間もなく長逝してしまったということで、私はこのことを奥さんか、娘さんかからの返書で知ったわけである。

そこで私の、ロシア行きの計画も立ち消えになってしまった。

私は、この悲報を受取って、何とも言いあらわしようのない深い悲しみと絶望に陥った。私はこのとき、次のような所感を漢詩に託して作った。

所　感

専攻斯学願樹功
微軀聊期報国忠
人間万事不如意

一身長ク在二轗軻中一
泰西頼見義侠人
憐ミ二我哀情一傾ムキレ意待
故国ハ難レ去リ幾踟躕
決然欲三遠ス航セント二西海一ニ
夜風雨急雨霏霏
義人溘焉逝イテ干レ還
生前不逢音容絶
胸中鬱勃向ツテレ誰説ニカン
天地茫々知己無
今對二遺影一感転切

この時、私をはげましてくれたのが池野成一郎だった。彼は私のロシア行に反対していたが、落胆している私の肩を叩《たた》いて、勇気づけてくれた。

このとき、若し、マキシモウィッチが病没せず、私が渡露していたら、私の一生は全く別のものとなっていたであろう。

# わが初恋

東京は飯田町の小川小路の道すじに、小沢という小さな菓子屋があった。明治二十一年頃のことで、その頃私は、麴町三番町《こうじまちさんばんちょう》の若藤宗則という、同郷人の家の二階を借りて住んでいた。私は、この下宿から人力車に乗って九段《くだん》の坂を下り、今川小路《いまがわこうじ》を通って本郷の植物学教室へ通っていた。そのとき、いつもこの菓子屋の前を通った。

この小さな菓子屋の店先きに、時々美しい娘が坐っていた。

私は、酒も、煙草も飲まないが、菓子は大好物であった。そこで、自然と菓子屋が目についた。そして、この美しい娘を見染めてしまった。

私は、人力車をとめて、菓子を買いにこの店に立寄った。そうこうするうちに、この娘が日増しに好きになった。その頃の、娘は今とちがって、知らない男などとは、容易に口もきかないものだった。私は悶々《もんもん》として、恋心を燃やした。

私が、娘に話しかけようとすると、まっ赤な顔をしてうつむいてしまうのだった。

こうして、毎日のように菓子屋通いがはじまった。

その頃、私は神田錦町の石版屋に通って、石版印刷の技術を習っていたが、この石版屋の主人の太田という男に頼みこんで、娘を口説いてもらうことにした。

石版屋の主人は早速、私のこの願いをききいれ、小沢菓子店に赴いて、娘の母親に逢《あ》ってくれた。

私は、くびを長くしてその報告を待っていた。

石版屋のはなしによると、娘の名は寿衛子《すえこ》といい、父は彦根藩主井伊《いい》家の家臣で小沢一政といい、維新以後は陸軍の営繕部に勤務していたが、数年前亡くなったということであった。寿衛子はその次女だった。

寿衛子の父の在命中は、小沢家の邸《やしき》は、表は飯田町六丁目通りから、裏はお濠《ほり》の土手までつづく広大なもので、生活もゆたかであり、寿衛子も踊りや唄《うた》のけいこに毎日を送る何不自由ない令嬢だったということだった。それが父の死によって、広大な邸宅も人手に渡ることになり、京都生れの勝ち気な母は、大勢の子供を細腕一つで養うために、菓子屋を営んでいるという次第だった。

石版屋の主人の努力によって、この縁談はすらすらとはこび、私たちは結婚した。

そして、新居を根岸《ねぎし》の村岡家の離れに構えた。明治二十三年のことだった。

# ムジナモ発見物語り

　じっとしていて静かに往時を追懐してみると、次から次に、あの事この事と、いろいろ過去の事件が思い出される、何を言え九十余年の長い歳月のことであれば、そうあるべきである筈なのである。

　しかし、ふつうのありふれた事柄は、たとえ実践してきた自身のみには、多少の趣きはあるとしても、他人には別にさほどの興味も与えまいから、そこで私はその思い出すものが、広く中外の学界に対して、いささか反響のあったことについて回顧し、少しくその思い出を書いて見ようと思う。それは、時々思い出しては忘れもしないムジナモなる世界的珍奇な水草を、わが日本で最初に私が発見した物語りである。

　今から、およそ六十年ほど前のこと、明治二十三年、ハルセミはもはや殆《ほとん》ど鳴き尽してどこを見ても、青葉若葉の五月十一日のこと私はヤナギの実の標本を採らんがために、一人で東京を東に距《へだた》る三里許《ばか》りの、元の南葛飾《みなみかつしか》郡の小岩《こいわ》村伊予田《いよだ》に赴いた。江戸《えど》川の土堤内の田間に一つの用水池があった。この用水池は、今はその跡方もなくなっている。この用水池の周囲にヤナギの木が繁っていて、その小池を掩《おお》うていた。私はそこのヤナギの木に倚《よ》りかかって、その枝を折りつつ、ふと下の水面に眼を投げた刹那、異形な物が水中に浮遊しているではないか。

「はて、何であろうか」と、早速これを掬《すく》い採って見たら、一向に見慣れぬ一つの水草であったので、匆々《そうそう》東京に戻って、すぐ様、大学の植物学教室（当時のいわゆる青長屋）に持ち行き、同室の人々にこの珍物を見せたところ、みな「これは？」と驚いてしまった。

時の教授矢田部良吉博士が、この植物につき、書物（多分ダーウィンの「インセクチヴホラス・プランツ」であったろう）の中で、何か思いあたることがあるとて、その書物でその学名を捜してくれたので、そこでそれが世界で有名なアルドロヴァンダ・ベンクローサであることが分かった。

この植物は、植物学上イシモチソウ科に属する著名な食虫植物で、カスパリーやダーウィンなどによって、詳《つまびら》かに研究されたものであった。

しかし、この植物は、世界にそう沢山はなく、ただ僅かに欧洲《おうしゅう》の一部、インドの一部、濠洲《ごうしゅう》の一部にのみ知られていたが、今回意外にもかくわが日本で発見せられたので、ここに新しく一つの産地が殖えたわけだ。その後、さらにシベリア東部の黒竜江《こくりゅうこう》の一部にもこれを産することが分かり、遂に世界の産地が飛び飛びに五ヵ所になった。日本では、上記の小岩村での発見後、それが利根《とね》川流域の地に産することが明らかとなり、更に大正十四年一月二十日に山城《やましろ》の巨椋《おぐら》池でも見出《みいだ》された。この発見者は当時京都大学の学生だった三木茂《みきしげる》博士であった。この池のムジナモは干拓のため不幸にして、その影響を蒙《こうむ》り、惜しいことには、遂に絶滅してしまった。

ムジナモは「貉藻《むじなも》」の意で、その発見直後、私のつけた新和名であった。即ちそれはその獣尾の姿をして水中に浮んで居り、かつこれが食虫植物であるので、かたがたこんな和名を下したのであった。

このムジナモは緑色で、一向に根はなく、幾日となく水面近くに浮んで横たわり、まことに奇態な姿を呈している水草である。一条の茎が中央にあって、その周囲に幾層の車輻《しゃふく》状をなして沢山な葉がついているが、その冬葉には端に二枚貝状の嚢《のう》がついていて、水中の虫を捕え、これを消化して自家の養分にしているのである。故に、根は全く不用ゆえ、固《もと》よりそれを備えていない。また、葉の先きには四、五本の鬚《ひげ》がある。

前に書いたように、明治二十三年五月十一日にこのムジナモが発見せられた直後、私はこの植物のもっとも精密な図を作らんと企てた時に当って、不幸にして私にとっては甚だ悲しむべき事件が、私と矢田部教授との間に起った。

その時分、私は「日本植物志図篇」と題する書物を続刊していたが、にわかに矢田部氏が私とほぼ同様な書物を出すことを計画し、私は完然植物学教室の出入りを禁じられてしまった。

その時は、まだ私が大学の職員にならん前であったが、どうも仕方がないので止むを得ず、私は、農科大学の植物学教室に行って、このムジナモの写生図を完成した。後に、それを「植物学雑誌」で世界に向って発表した。そして、このムジナモはわが国の植物界でも極めて珍らしい食虫植物として、いろいろの書物に掲げられて、日本でも名高い植物の一つとなった。

ここに、このムジナモに就《つい》て、特筆すべき一つの事実がある。それは世界に向って誇ってもよい事柄である。即ち、それはこの植物が、日本に於て特に立派に花を開くことである。私はこれを、明瞭《めいりょう》に且《か》つ詳細に私の写生図の中へ描き込んで置いた。

どうした理由のものか、欧洲、インド、濠洲等のこのムジナモには、確かに花が出るには出るが、一向にそれが咲かないで、単に帽子のような姿をなし、閉じたまま済んでしまう。ところが、日本のものは、立派に花を開く。

そこで、私の写生した図の中の花が、欧洲の学者へは極めて珍らしく感じた訳であろう、後にドイツで発刊された世界的の植物分類書エングラー監修のかの有名な「ダス・プランツェンライヒ」にはその開いた花の図を、上の私の写生図から転載して、私の名と共にこの檜舞台《ひのき》へ登場させてあった。

私は、これを見て、かつて私の苦難の中でできた図が、かくも世界に権威ある書物に載せらるるのは、面目この上もないことであると、ひそかに喜んだ次第である。

貧乏物語り

大学の助手に任ぜられた私は、初給十五円を得ていたが、何せ、如何《いか》に物価が安い時代とはいえ、一家の食費にもこと足りない有様だった。

その頃、家の財産も殆ど失くなり、すかんぴんになっていた。私は元来、酒屋の一人息子として鷹揚《おうよう》に育ってきたので、十五円の月給だけで暮すことは容易ではなかった。借金もたまり、にっちもさっちもいかなくなってしまった。

結婚して以来、子供がつぎつぎに生まれ、暮しは日増しに苦しくなった。月給は一向上らず、財産は費い果して一文の貯えもない状態だったので、食うために仕方なく借金をつづけた。そのため毎月、利子の支払いに苦しめられた。

執達吏には度々見舞われた。私の神聖な研究室を蹂躙《じゅうりん》されたことも一度や、二度ではなかった。私は、積み上げた夥《おびただ》しい植物標品、書籍の間に坐《ざ》して茫然《ぼうぜん》として、執達吏たちの所業を見まもるばかりだった。一度などは、遂に家財道具の一切が競売に付されてしまい、翌日は、食事をするにも食卓もない有様だった。

この頃、こんなことがあった。私が大学から帰ってくると、家の門に赤旗がでていると、これは借金取りが来ている危険信号であった。この赤旗を見ると、私は、その辺りをぶらぶらして、借金取りの帰るのを待っていた。そして、赤旗がなくなると、やっと家へ入るようにした。鬼のような借金取りとの応待は一切女房がやってくれた。

家賃も滞りがちで、しばしば家主から追立てを喰った。止むなく引っ越しをせざるを得なくなる破目に立至ったことも再三再四であった。

何しろ、子供が多く大世帯《おおじょたい》なので二間や、三間の小さな家に住むわけにもいかず、中々手頃な家が見つからなかった。標品を蔵《しま》うには少くとも八畳二間が必要ときているので、適当な大きさの貸家で、家賃の安い家を探すのにはほとほと困惑した。

その間、私の妻は、私のような働きのない主人に愛想をつかさずよくつとめてくれた。私の如き貧乏学者に嫁いで来たのも因果と思ってあきらめたのか、嫁に来たての若いころから、芝居も見たいといったこともなく、流行の帯一本欲しいと言わなかった。

妻は、女らしい要求の一切を捨てて、蔭《かげ》になり、日向《ひなた》になって、絶えず私の力になって尽して呉れた。

この苦境の中に、大勢の子供たちに、ひもじい思いをさせないで、とにかく学者の子として育て上げることは全く並大抵の苦労ではなかったろうと思い、これを思うと今でも妻が可哀そうでならない。

私は、この苦労をよそに、研究に没頭していた。しかし、明日はいよいよ家財道具の一切が競売に付されるという前の晩などは、さすがに頭の中が混乱して、論文を書くことも容易ではなかった。この苦境時代、歯を喰いしばって、書きつづけた千ページ以上の論文が、後に私の学位論文となったものである。

その頃、東京大学法科の教授をしていた法学博士の土方寧《ひじかたやすし》君は私のこの窮状を見かねて努力してくれた。土方博士は、私と同郷の佐川町出身の学者である。

時の大学総長浜尾新《はまおあらた》博士は、土方教授から私のことをきき、ある日私を呼んで、

「君の窮状はよく判るが、大学には他にも助手は大勢いるのだから、君だけ給料を上げてやるわけにはいかん。しかし、何か別の仕事を与えて、特別に手当てを出すように取りはからってやろう」

と、いわれた。

そして、東京大学から「大日本植物志」が出版されることになり、私がこれを一人

で担当することになった。費用は大学紀要の一部から支出された。

私は浜尾総長のこの好意に感激し、「大日本植物志」こそ、私の終生の仕事として、これに魂を打ちこんでやろうと決心した。そして「日本人はこれくらいの立派な仕事ができるのだということを世界に向って誇り得るようなものをつくろう」と大いに意気ごんだ。

ところが、このことは私に対して学者たちの嫉妬《しっと》の的となった。

松村任三教授は、学問の上からも、感情の上からも私に圧迫を加えるようになった。「大日本植物志」は余り大きすぎて持運びが不便だとか、また文章が牛の小便のように長たらしいから、縮めねばいかんとかいうけちをつけられた。

その中、松村教授は、「大日本植物志は牧野以外の者にも書かすべきだ」といいだした。

しかし、私は、これは元来私一人のためにできたものだと承知していたので、浜尾総長に相談したところ、「それは、牧野一人の仕事だ」と言明されたので、松村教授の言を拒否した。

しかし、この「大日本植物志」は第四集まで出版されたが、四囲の情勢が極めて面白くなくなったので、中絶の止むなきに至った。

植物学教室の人々の態度は極めて冷淡なもので、この刊行が中絶したことを秘《ひそ》かに喜んでいる風にさえ見えた。

そうこうしているうちに理科大学長の箕作《みつくり》学長が亡くなられ、新たに桜井錠二《さくらいじょうじ》博士が学長に就任された。桜井学長は、私に就ては全く知って居られなかった。松村教授は、私を邪魔者にし、学長に焚き付けて、遂に私を罷免した。こうして、私は大学を追われる身となってしまった。

しかし、植物学教室の矢部吉貞、服部広太郎《はっとりひろたろう》の両君などは、この免職を承服せず「自分等が何とか計らうから、お前は黙っていろ」といった。

松村教授は、元来決して悪い人間ではなく、むしろ極めて人が善いのだが、側から焚きつけられるとその気になり易い人だった。このとき、平瀬作五郎などはこの焚き付け役だった。

しかし、教室の中には「松村教授は、狭量で智恵が足りない、なぜ牧野を味方にしないのか」という声もあった。

私が大学を追われるに至ったには、松村教授夫人の主張があったようである。というのは、私の結婚直後、家内が一時里に帰っていたことがある。その時、松村教授の奥さんが、その縁者の娘を私にもらってくれと言ってきたことがある。夫人は、牧野を身内にして松村を助けてもらおうという考えであったようである。しかし、私はこの縁談を断った。そのため夫人は怒って、私の追出しをそそのかしたのだとも思う。
東京大学助手を罷免された私は、間もなく大学講師として復活することができた。これは、矢部、服部両者の尽力のおかげだった。講師になると月給三十円に昇格した。やがて、五島《ごとう》清太郎《せいたろう》博士が学長になられたが、五島学長は私に非常に好意を示された。

　私の罷免事件に当り私のために尽力してくれた服部広太郎博士に関しては愉快な思い出がある。

　服部広太郎博士は現在、皇居に於て陛下の生物学御研究所の御用掛りとして活躍して居られるが、昔からすこぶるハイカラであった。ハイカラというように、事実、すこぶる高いカラーをしていた。

　ある時、私が旅行の帰途、奮発して一等車に乗ってみたことがあった。「牧野はいつも貧乏で、三等車にしか乗れない」と思われているので、たまにはと思って一等車を奮発してみたわけである。

　私が意気揚々と一等車に乗りこんで、ふんぞり返っていると、偶然途中から服部広太郎君が一等車に乗ってきた。そして、忽ち発見されてしまい、「これは一大珍事」

とばかり、宣伝されてしまった。

そうこうしているうちに、財政はますますどん詰って、遂に植物標品も売払わなければならない破目に立至った。

その時、渡辺忠吾という人があって、私の窮状を心配して呉れ、朝日新聞に私の窮乏状態を書いて世間に発表した。

この時、この新聞記事を見て、救いの手を私に差しのべてくれた人が二人ある。一人は、久《く》原房之助《はらふさのすけ》氏であり、他の一人は神戸の池長孟《いけながはじめ》氏であった。また、この時、私のために尽力してくれた人が、大阪朝日の長谷川如是閑《はせがわにょぜかん》氏と、東京朝日の如是閑氏の令兄、長谷川松之助《まつのすけ》氏とであった。

朝日新聞社からは、久原房之助氏は金はあるが家が組織立っているので自由がきかぬ嫌いもあるから、多額納税者の池長孟氏の方が何かと好都合かもしれないといってきた。

こうして、私は池長孟氏の援助を受けることになった。その当時池長氏はまだ京都大学の法科の学生だった。池長氏は私の借財全部を返済して呉れたり、親身になって尽してくれた。そして、池長研究所をつくり、ここに私の植物標品を保管することになった。しかし、その後、池長氏の母上が私に金を出すことを嫌い、この研究所での仕事は停止してしまった。しかし、私はこの池長氏の財政援助でやっと苦境を切りぬけることができたのである。

# すえ子笹

昭和三年二月二十三日、わが妻寿衛子は五十五歳で永眠した。病原不明の死だった。病原不明では、治療しようもなかった。世間には他にも同じ病の人もあることと思い、その患部を大学へ寄贈しておいた。

妻が重態のとき、仙台からもって来た笹《ささ》に新種があったので、私はこれに「スエコザサ」の名を附し、「ササ・スエコヤナ」なる学名を附して、発表し、この名は永久に残ることとなった。この笹は、他の笹とはかなり異るものである。

私は、このスエコザサを妻の墓に植えてやろうと思い、庭に移植しておいたが、今ではそれがよく繁茂している。

妻の墓は、今、下谷《したや》谷中《やなか》の天王寺《てんのうじ》墓地にあり、その墓碑の表面には、私の咏《よ》んだ句が二つ、亡き妻への長《とこ》しなえの感謝として深く深く刻んである。

家守りし妻の恵みやわが学び
　世の中のあらん限りやスエコ笹

妻は、今、私の棲《す》んでいる東大泉《ひがしおおいずみ》の家に、ゆくゆくは立派な植物標品館を建て、これを中心に牧野植物園を拵《こしら》えて見せるという理想をもって、大いに張り切っていたのであったが、これもとうとう妻の果敢《はか》ない夢として終ってしまった。今の家ができて、喜ぶ間もなく妻は歿《な》くなってしまったからである。

　しかし、私は、何時の日か、妻の理想が実現できると信じている。

# 哀しき春の七草

「植物研究雑誌」が経済的な難局に打当り、刊行が困難となった折、私は偶然、成蹊《せいけい》学園を主宰して居られた中村春二《なかむらはるじ》さんの知遇を得ることとなり、同誌は廃刊の憂き目をまぬがれることができた。これはこんないきさつであった。

大正十一年七月、私は成蹊高等女学校の生徒に野州《やしゅう》の日光山で植物採集を指導することを依嘱せられ、同校職員生徒と共に同山に赴いた折、中村さんに親炙《しんしゃ》する機会に逢著《ほうちゃく》したわけである。

その時、日光湯元温泉の板屋《いたや》旅館を根拠として毎日採集を行った。宿の一棟には生徒たちが入り、二階に私と中村さんとが間をとった。この時、部屋が隣なので私は中村さんといろいろな物語りを交した。

私は身の上ばなしや、植物研究雑誌のことなどを話すと、中村さんはよくこれを聴

かれ、渥《あつ》き同情の心を寄せられた。そして、植物研究雑誌に対し援助を与えられることになった。この時の同誌に私は

「本誌は、中村春二氏の厚誼により枯草の雨に逢い、轍鮒の水を得たる幸運に際会することを得、秋風蕭殺たる境から、急に春風駘蕩の場に転じた」

と、書いて厚くその友誼を謝した。

同氏はまた「日本植物図説」刊行のため、毎月数百円の金子を私のために支出してくれた。この援助によって出来た図は八十枚ほどある。この図説刊行は、目下私の終生の念願となっている。

大正十三年正月、私は中村さんの病重しとの報をきき、同氏を慰めんものと、正月の一日鎌倉に赴き、春の七草を採集し来って、一々これに名を付し、籠《かご》に盛って病床を訪れた。

中村さんは、涙を流してこれを喜ばれ「正しい春の七草をはじめて見た」といわれ、七草がゆにする前に暫《しばら》く床の間に飾ってこれを楽しまれたという。その後間もなく、二月二十一日、同氏は溘焉《こうえん》として長逝された。

中村さんの長逝は、私にとって一大打撃だった。何よりも私の最もよき理解者、心の友を失った悲しみは耐え難いものがあった。中村さんは、死ぬ間ぎわまで私のこと

を気に懸けて、その後継者たるべき校長の某氏を呼んで、「自分亡きあとも、牧野を援助するように」と呉々《くれぐれ》も遺言されたそうであるが、某氏は私に対しては冷淡であり、援助もやがて途絶えてしまった。

中村さんについては次のことを記さねばならない。

それは、同氏没後、同校の生徒をつれて再び日光に行った折、同じ宿の二階に校長の某氏と間をとったとき、はじめてそれと気付いて感激したのであるが、二度目に行ったときは、以前中村さんの居られた部屋に私が入り、私の居た部屋に校長が入ったのであるが、私が前に居った部屋は、上等な広々とした部屋であったのに、今度は狭い控えの間であった。思えば、中村さんは、私に客人としての礼を尽され、自からは控えの間に下って、私に良い部屋を提供して呉れたわけであった。私は、校長の某氏が良い部屋に収まり、私を控えの間に入れて平然たるのを見て、世には良く出来た人間と、そうでない人間とがあることを痛感したのであった。

私は、敬愛する中村春二さん遺愛の硯《すずり》を乞《こ》い受け今でも坐右に置いて、同氏を偲《しの》んでいる。

私は同氏の援助によってはじめられた「日本植物図説」の刊行を断固としてやり遂げる決心でいる。私はその巻頭に中村春二さんの遺徳を忍んで、図説刊行の由来を銘記し、これを霊前に捧げようと考えている。

なお、私の愛弟子《まなでし》中村浩《ひろし》博士は、この中村春二さんの令息である。

# 大震災の頃

私は関東大震災の頃は、渋谷《しぶや》の荒木山に居た。私は元来、天変地異というものに非常な興味を持っていた。

私は、大正十二年九月一日の大震災のときも、これに驚くというよりは、非常な興味を感じた。私は大地の揺れ動くのを心ゆくまで味わっていた。

当時、私は猿又一つで、標品の整理をしていたが、坐りながら、地震の揺れ具合を観察していた。

その中、隣家の石垣が崩れ出したのを見て、家が潰《つぶ》れては大変と思って、庭にでて、木に摑《つかま》っていた。

妻や娘たちは、家の中に居て出てこなかった。家は、幸いにして多少瓦《かわら》が落ちた程度だった。余震が恐ろしいといって、みな庭にむしろを敷いて夜を明かしたが、私だけは家の中に入って、余震の揺れるのを楽しんでいた。後に、この大地震は震幅が四寸もあったと聴き、もっと詳しく観察しておくべきだったと残念に思った。もう一度ああいう大地震に生きているうちに遇ってみたいものだと思っている。

この大震災では、折角上梓《じょうし》したばかりの「植物研究雑誌」第三巻第一号を全部焼いてしまった。残ったのは見本刷り七部のみだった。

震災後、二年ばかりして、渋谷の家を引き払って、今の東大泉に転居した。標品を火災その他から安全に護《まも》るには、郊外の方が安全だと思ったからである。

## 川村清一博士のこと

理学博士川村清一君は、日本における蕈《きのこ》の研究家として第一人者であったが、六十六歳を一期として、胃《い》潰瘍《かいよう》のため吐血し、急逝されたのは惜しみてもなお余りがある。君は作州《さくしゅう》津山《つやま》の生れで、松平《まつだいら》家の臣であった。明治三十九年（一九〇六）七月に東京帝国大学理学部植物学科を卒業し、直ちに日本の菌類を研究する途《みち》を辿《たど》っていた。その間、洋行もし、内外多くの文献も集め、また実地に菌標本も蒐集して研究の基礎を築いた。今はこれらの書籍、標本はみな遺愛品となって遺《のこ》るに至ったが、遺族の方は、これを日本科学博物館に献納したと聞いた。私は斯《し》学《がく》のため、また博士生前の努力のため、偏《ひと》えにそれを安全に保存せられんことを切望する次第である。

川村君は、自ら写生図を描くことが巧みであったので、他の画工を煩わすに及ばず、みな自分で彩筆を振った。書肆《しょし》が競って中等学校の植物学教科書を出版した華やかな時代には、同君に嘱して菌類の着色図を描いてもらい、その書中を飾ったものだ。甲の教科書にも、乙の教科書にもキノコの着色図版といえば、後にも先きにも川村君の腕を振う独壇場であった。

君には、二、三の優秀な菌類図書が既刊せられているが、その多年に亘《わた》って自身で写生して溜《た》めたものを、まとめて一書となし、まず同君最後の作として、東京本郷の南江堂《なんこうどう》でこれを印刷に附し、やっと出来上った刹那、昭和二十年の戦火で、不幸にもそれが灰燼《かいじん》となって烏有《うゆう》に帰した。まことに残念至極なことで、確かに学界の大損失であるといえる。

川村君は燃ゆる心を以て再挙を図っていた。幸いに、その原稿の原図が戦災を免かれ、安全に残ったことを同君の書信で知ったので、私はその不幸中の幸運を祝福し、右菌類図説の再発行を祈っていた。そのころ、昭和二十年八月十五日に終戦となったので程もなく、同君は山梨県東八代《ひがしやつしろ》郡花鳥《はなとり》村竹居《たけい》の疎開地から、無事に都下滝野川《たきのがわ》区上中里《かみなかざと》十一番地の自宅へ還《かえ》った。が、間もなく天、同君に幸いせず遂いに上に記したように不幸にして不帰の客となった。

同君は晩年には大いに菌類を研究して、新種へ命名し、世に発表するような仕事には手を出さなくなり、専ら従来研究したものを守り、それをまとめて整理し、世に公にすることに腐心せられていた。とにかく、日本で晨星《しんせい》も啻《ただ》ならざるほど少ない菌学者の一人を喪《うしな》ったことは、まことに遺憾の至りである。まだ死ぬほどの老齢でもなかったが、どうも天命は致し方もないものだ。

同君と私とは、同君が大学在学当時以来、すこぶる昵懇《じっこん》の間であったので、突如として同君の訃音《ふいん》をきいたときには、殊に哀愁の感を禁じ得なかった。

# 桜に寄せて

高知県土佐国高岡郡佐川町は、私の生山故郷で、そこは遠近の山で囲まれ、春日川《かすががわ》の流れを帯びた一市街であって、郊外には田園が相つらなっている。

この地は、明治維新前は国主山内《やまうち》侯の特別待遇を受けていた深尾家、一万石の領地の核心区であった。

従って士輩の多いところで、自然に学問がさかんであった。この地よりの近代の出身者には、まず宮内《くない》大臣たりし田中光顕《たなかみつあき》、貴族院議員たりし古沢滋《ふるさわうろう》(旧名迂郎)、侍従《じじゅう》たりし片岡利和《かたおかとしかず》、県知事たりし井原昻《いはらのぼる》、大学教授たりし工学博士広井《ひろい》勇、同じく法学博士土方寧、その他医学博士山崎正薫《やまざきまさただ》など、多くの人材を輩出した。昔は、「佐川山分学者あり」と評判せられた土地で、当時の名教館《めいこうかん》と称する深尾家直轄の学校があって、専ら儒学を教え、従って儒学者が多かった。

この佐川町の中央のところから、南へはいった場所を奥の土居《どい》という。東西と南の奥《おく》とは山を以て限っている小区域で、奥の方から一つの渓流が流れでている。その西側の山にそって一寺院があって、これを青源寺《せいげんじ》という。土地では由緒ある有名な古刹《こさつ》で、そのうしろは森林鬱蒼《うっそう》たる山を負い、前はかの渓流のある窪地を下瞰《かかん》している。寺の前方と下の地はむかしから桜樹が多いところで、これはみないわゆるヤマザクラである。

今から五十数年前の明治三十五年、当時、土佐には東京に多く見るソメイヨシノがなかったので、私はその苗木数十本を土佐へ送り、その一部を高知五台山《ごだいさん》に、またその一部をわが郷里の佐川にも配った。今この五台山竹林寺《ちくりんじ》の庭にはこのときのソメイヨシノの木が数本あるが、これはそのかみ同寺の住職船岡芳作師が、私の送った苗木を植えたものだ。しかるに今日同寺の僧侶《そうりょ》たちは一向にこのソメイヨシノの木の由来を識《し》らぬようだ。

佐川では、当時佐川にいた私の友人堀田孫之《よりゆき》氏が、これを諸所にわかち、中の若干本を右の奥の土居へ植え、従来のヤマザクラにこれを伍せしめた。

それが、年をへて生長し、五十余年をへた今日では既に合抱の大木となり、毎年四月には枝を埋めて多くの花を着け、ヤマザクラと共に競争して、殊に壮観を呈する。

今日、この奥の土居は佐川町にあって一つの桜の名所となって、その名が四方に聞こえ、丁度同町は高知から須崎《すさき》港に通ずる鉄道の一駅佐川駅に当っているので、花時には観桜客が、遠近から押しかけ来り、雑沓《ざっとう》を極め、臨時にいろいろの店や、掛茶屋ができ、また大小のボンボリを点《とも》し、花下ではそこここに宴を張って大いに賑《にぎ》わい、夜に入れば夜桜を賞し、深更に及ぶまで騒いでいる。

私は、自分の送った桜が、かくも大きくなり、またかくも盛んに花が咲くに拘《かかわ》らず、いつもその花を観る好機を逸し、残念に思っていたが、遂に意を決し、昭和十一年四月、久しぶりで帰省し、珍らしくもはじめてその花見をした。そしてわが送りし桜樹が、かくも巨大に成長したのを眺めて喜ぶと同時に、自分もまたその樹齢と併行して、正に三十余年を空過し、樹はこのように盛んに花をつけたが、われは一事の済《な》すことなく徒《いたず》らに年波の寄するを嘆じ、どうしても無量の感慨を禁ずることができなかった。

しかし、幸いに、私の心づくしのこの木がかくもよく成長して花を開き、幾分かでも花見客を引き寄せるために、わが郷里をにぎわす一助にもなっていれば、これこそそれを往時に贈った意義があったというべきもので、真に幸甚の至りである。そこで、花見客に与うるために、土地の友人のもとめに応じて、左の拙吟をビラとなし、これをみんなに唄わしていささか景気をつける一助とした。

歌いはやせや　佐川の桜
　町は　一面　花の雲
匂う万朶《ばんだ》の桜の佐川
　土佐で名高い花名所

# 長蔵の一喝

昭和七年頃の読売新聞に、「牧野が尾瀬に植物採集にでかけ、尾瀬の主、長蔵の一喝に逢い、ほうほうのていで逃げ帰ってきた」という記事がでたことがある。

これは、全く、途方もない嘘である。そんな事実は、全然なかったことは、このときの同行の人々がよく知っている。

この時は、長蔵《ちょうぞう》はおろか、誰《だ》れ一人にも出会わなかった。そしてまた私が長蔵に叱られる理由もなければ、また長蔵にそんな権利もない。

しかし、長蔵は、私が人よりは沢山に植物を採るというので、山を荒らすとでも、誤解していたらしいことは確かである。長蔵は私が尾瀬《おぜ》に植物採集にいくことを余り悦《よろこ》んでいなかったのは事実のようだ。

こういう悪い先入観を、長蔵にたきつけたのは某氏であって、「牧野はとても沢山植物を採集するから、追返してしまえ」などと、善良でしかもいっこくな山男、長蔵へたきつけたものらしい。そこで、長蔵じいさんは、私に対してあまりよい感じを持っていなかったらしい。

それを、誰かが聞きかじり、尾にひれをつけて、こんな事実無根なつまらぬことを新聞に出してしまったものと思われる。これは、かえって長蔵の徳を傷つけるというもんだ。

これと同じようなことが、軽井沢《かるいざわ》でもあった。毎年夏、軽井沢に避暑していた尾崎《おざき》咢堂《がくどう》は、軽井沢の自然美を護るために、植物採集をきらっていた。そこで、私が軽井沢にいくことをこころよく思わなかった。こういう、つまらぬことを新聞が書きたてるのは困る。

この尾崎咢堂と私が、後に二人仲良く東京都名誉都民にえらばれたのも不思議な縁というものである。

# 私の健康法

私は、文久二年生れで、今年九十五歳ですが、別に特別な健康法を実行しているわけではない。平素淡々たる心境で、平々凡々的に歳月を送っている。即ち、このように心を平静に保つことが、私の守っている健康法だともいえる。

しかし、長生きを欲するには、何時もわが気分を若々しく持っていなければならない。

私は、今日でも、老だとか、翁だとか、爺などといわれることが嫌いである。人から、牧野老台などと書かれるのを全く好かない。それ故、自分へ対して、今日まで、こんな字を使ったことは一度もなく、

わが姿たとへ翁と見ゆるとも
　心はいつも花の真盛り

と、いう心境である。

若さを保つには、若い女性に接することも必要であると思う。私は先年、日劇《にちげき》にストリップショウを見にでかけ、ヌードというものを見物したが、若い女はええものである。このときは、週刊読売か何かに、ストリップガールに取囲まれている私の写真が大きく出、「いやしくも学士院会員たる身分のものが、品位にかかわる、けしからん」と、物議をかもしたようだが、学士院会員はできるだけ長生きしてお国のために尽すのが本分だから、長生きのために若い女性に接するのは少しも悪いことではあるまい。

私は生来、割合に少食である。また、特に好き嫌いというものはなく、何でも食べる。胃腸がすこぶる丈夫なのでよく食物を消化してしまう。

私は、従来、牛肉が大好きだが、鶏肉《とりにく》はあまり喜ばない。また、魚類は好まなかったが、近頃は、食味が一変し、よくこれを食べるようになった。

コーヒーや紅茶は至って好きで、喜んで飲むが、抹茶はあまり有難いと思わない。

私は、酒と煙草には生来全く縁がない。幼少時代から、両方とものまない。元来、私は酒造家の息子だったから、酒に親しむ機会に恵まれていたが、一向にのまなかった。

私が、酒と煙草とを全く用いなかったことは、私の健康に対して、どれほど仕合せであったかと、今日大いに悦こんでいる次第である。

九十歳を過ぎても、手がふるえず、字を書いても若々しく見え、あえて老人めいた枯れた字体にはならない。又、眼も良い方で、まだ老眼になっていないので、老眼鏡などは全く必要としない。いろいろの書きもの、写しものはみな肉眼であり、また精細な図も、同じく肉眼で描く。歯も生れつきのもので、虫歯などはない。

しかし、この頃は耳がすっかり遠くなって不自由である。

頭髪は殆ど白くなったが、私は禿にはならぬ性《さが》である。

それから、頭痛、のぼせ、肩の凝り、体の倦怠《けんたい》、足腰の痛みなどは絶えてなく、私は按摩《あんま》の厄介になったことは全くない。また、下痢などもあまりせず、両便ともすこぶる順調である。

睡眠時間は、まず通常六時間あるいは七時間で、朝は大抵八時前後に目を覚ます。夜は、熟睡する。夢はときどき見る。昼寝は従来したことがなかった。

ここ二、三年来外出していないので、大いに運動が不足している。且、日光浴も不充分だと思うので、これからはその辺のことに、大いに注意しようと思っている。

人は、私に百歳までは生きられるだろうというが、私は、百二十歳までは生きて見せると思っている。

終りに、近詠を示しておこう。

いつまでも生きて仕事にいそしまん
また　生れ来ぬこの世なりせば

何よりも、貴とき宝もつ身には
富も　誉れも願はざりけり

# 自然の中に

# 石吊り蜘蛛

昭和八年の六月初旬に私は、広島文理科大学植物学教室の職員学生等二十八名と、同県山県《やまがた》郡の三段峡《さんだんきょう》に行ったことがあった。

その時、同峡を通り抜けて北行し、八幡《やわた》村の蓬《よもぎ》旅館に宿したのが同月三日であった。

この旅館は農家構えの大きなわらぶき屋で、その周囲は畠地《はたち》である。

翌、四日に朝起きて庭へ出て見たらそのわらぶき屋根の軒から直径凡《およ》そ八ミリメートル位の小石が一つ空中にぶら下っているではないか、そしてその石の地面を離れていること凡そ四尺位の高さであった。

これは面白いものを見つけたものだとよく注視すると、小石は蜘蛛《くも》の糸で吊《つ》られていて、又その吊り方がなかなか巧妙にできていることを知った。

これは多分、蜘蛛がはじめ、軒から出発し、一条の糸を出しつつ一旦《いったん》地に降り、地面にあった手頃な石へ糸を掛け、その石の下をまわして来て、石の直上でこれを一つに合せ、その石へ掛けて二条になっている糸が開かぬように一条の横糸でしっかりそれを押えている。そして多分、はじめ軒から降りて来た時の糸の末端にそれが繋《つな》がれた形になるので、それをそのまま地面に置き、自分は再びはじめ降りて来たその糸を伝って軒までよじ登り、そこからその糸を手操《たぐ》ってその末端の石を上へ引き揚げたものであろう。

蜘蛛がなぜこんな手数のかかる芸当をするかというと、これは多分その石の重りで緊張したこの垂直の一本の糸を彼の網を張る一方外廓《がいかく》の幹線としたのではないかと想像せらるる。ほかに網を張る幹線即ち骨組み糸を附着さす便宜のない広い軒先きのことと故、蜘蛛がこんな珍無類な知慧《ちえ》を出すようになっているのであろう。

その時、不幸にして蜘蛛がそこに見えなかったので、従ってその正体は全然分らない。東京へ帰ってから誰れも御承知の蜘蛛学の権威岩田久吉君にお尋ねして見たが、同君もこれは始《はじ》めてでとのことで、遂にその名は分らずに終った。

このような訳で、その正体はまだ突き止め得ぬけれども、どうせ本尊様が居るには居るに相違ないから、わたしはまずこれをイシツリグモと命名しておいた。これは私が畠《はた》違いの動物へ名を付けた始めである。ゴメン下さい。

昭和十年の秋に再び同旅館に宿したので、注意して見たけれども、この時はサッパリそれに出会わなかった。

この蜘蛛はきっと新種だろうから馬力をかけて採集し、そしてそれを研究し、その新学名を発表する価値が充分にあると信ずる。今後果して誰れがその功名をかち得るであろうか。

# 昆虫の観察

この三年程前から、私の宅の庭にあるウコギ、ヤツデ、ウド（私の庭にはウコギ科の植物はこの三種しかない）に、ヒメシロコブゾウムシが沢山にたかって、その葉を蝕害《しょくがい》することおびただしく、そのさかんな時は、これ等の植物がまっ白く見えるほど来集したが、まことにありがたからぬお客さまであった。

この虫は、動作の鈍い虫であるから、その植物をゆさぶって、これを地上に落して退治した。奴《やっこ》さん、地面に落ちるとのそのそと這《は》うのもあるが、多くは眠ったように落ちついていて、且《かつ》白く目だっているから捕えるには極めて楽である。このように百ぴき、二百ぴきといるから、二つ、三つ位の瓶詰めは造作なくできる。若《も》しもこれを標本屋で買ってくれるなら、一ぴき一円と見ても大分金儲《もう》けができたわけだ。昆虫学者に聴いてみたらこれはふつうの凡虫らしいので、「エーッ、こんな奴は仕方がない」と捕えた虫を皆捨ててしまった。

この昆虫は、交尾後は多分掃溜《はきだ》めのようなところへ産卵し、そこから孵化《ふか》してきて植物にたかるのであろう。それが、ちょうど六月である。

私の庭では、はじめ突然にこの虫が出初め（それまでは居なかった）、三年程の間は毎年それが無数に生じたが、今年は意外にもずっと少なくなったところをみると、あるいは来年はもう出なくなりはせぬかと喜んでいる。

去年の冬はそう寒気が強くなかったから越冬する卵にもさほど影響がなかったように感ずるが、それにも拘《かかわ》らず今年はその出現数がずっと減っているのはどうした原因であろうか。他の昆虫などにも、きっとこんな消長現象があると思うが、その消長が何に基くかを考え研究することも、自然界に就て面白い一課題であると信ずる。

その葉を害せられるウコギは、その掌状《しょうじょう》小葉《しょうよう》の中脈を残して食われ、ウドもまた葉を食われる。ヤツデは葉質が厚くて硬いからその葉緑の方を蝕害し、またその葉柄《ようへい》にくちばしを当てて噛《かじ》り、液汁を吸うている。

林をもつ郊外の家は、昆虫学者の住むべき天国である。朝晩注意していると、種々な事実を発見し、把握し、且容易に採集もできる。損得を比較すると都会に住む昆虫学者は不幸である。昆虫を研究せんとする人は宜《よろ》しく居を郊外の適処に求むべきだ。

平山《ひらやま》昆虫研究所が井《い》の頭《かしら》にあるのは大いに佳《よ》い。そう行かにゃイカン。

# 紙魚《しみ》の弁

書物を蝕害する虫というと、すぐにシミが槍玉《やりだま》にあがるが、シミがこの悪名を一手に引受けているのは可愛想だと私は思い、いささかシミに同情している。シミ一つを目の敵のようにいうのはちとひど過ぎはしないかと思う。書物の害虫といえば、何時でもシミ独りが登場して、「やあ、シミの巣だ」とか、シミの何だとかいって時には紙魚繁昌記《はんじょうき》などと書物の題名にまで相成ることとなり、名誉といえば名誉といえないこともないが、そう悪口ばかり浴せ掛けられてはたまったもんではない。

たしかに、シミは少しも善くはない。書物の表紙やら小口などを穢《きたな》くしたりするから、困りものの一つではあるが、それよりもっと書物を害するやつがいるにも拘らず、誰れもが、一向にそいつの名さえ言わぬのは片手落ちというもんだ。そいつに比べると、まあシミは舐《な》める程度で、罪が軽いといえる。

書物にやたらに孔《あな》をあけて喰《く》い通していくやつは決してシミではない。これは甲虫の一種で、フルホンムシというやつである。和名は正しくはフルホンシバンムシという。この成虫は長さ三ミリメートルあるかなしかの栗色をした小さいやつである。

この甲虫は書物の中で孵《かえ》って外に飛びだし、雌と雄とはいいことをした後、雌はまた書物の中へ卵をうみつけにやってくる。雄はどこかでのたれ死ぬのだろう。

その仔虫《しちゅう》は、テッポウムシをごくごく小さくしたような形で、黄白色を呈し、長さは四ミリメートルぐらいある。からだはまがっていて、頭の方が少々太く、その端にある口がちびのくせにとても強力で、口から粘液を出しては書物を縦横に喰いうがち、お構いなしにそこここを孔だらけにする。そんな書物を知らずに開けて見ると、バリバリと音がしていくつもの仔虫が転がりでてくる。これを見ていると体をゆるやかに蠢動《しゅんどう》させて居る。憎いやつだとこれを潰《つぶ》すとクリーム様の汁がでる。こいつが一番書物を害する。こんな悪いやつはない。実に蔵書家の大敵で、このちび虫のためにどれ程貴重な資料が失われるかはかり知るべからずというもんだ。体は小さいがその害は中々大きい。単に書物ばかりではない、筆の軸へも喰い入れば、また竹の筆立てなども喰い荒し、沢山なふんを製造して孔をあける。

こいつがまた、植物の標品に着けば、それに喰い入り、知らん間に大いに悪るさをして居る。

植物標品を害する虫は、なおほかにふつう三つほど仲間がいる。第二は、蛾の幼虫、第三は茶立て虫のような一種である。その外に、時々小さい虫のアトビサリがいるが、こいつはたいして害はない。あの長い手の端に、はさみをもっていて、それを打ち振りつつ歩いているさまは、中々愛嬌《あいきよう》がある。これが、かの有名な毒虫サソリの縁者だと思うと何となく興味を覚える。

書物を蝕害する害虫は、しかし何といってもフルホンムシが大関《おおぜき》である。それに比べるとシミなどは関脇《せきわけ》とまではいかず、小結《こむすび》ぐらいのところである。

私は大いにシミの汚名をそそいでやりたいと思う。シミやよろこべ、よろこべ。なお、シミという名は「湿虫」の略されたものだといわれている。湿りを帯びた場所にある書物や古紙あるいは衣類などの中に棲《す》んでいるからこんな名があるのであろう。

# 盗賊除け

男子蘭《おとこらん》！　何んと勇ましい名じゃないか。元来、それはどんな植物か。また誰がそういう名をつけたかというと、これは私の命じた和名なのである。そしてこの植物は北米の南カロリナ州から南してフロリダ州の海浜に沿った地の原産で、俗に「スペイン人の短剣」とよばれているものである。

本品は、強壮な常緑多年生の硬質植物で、茎は粗大で短く、あまり高くならない。深緑色を呈した葉は強質で、あたかも銃剣のように多数叢出《そうしゅつ》して幅がやや広く、その形は披針《ひしん》形で、葉末は鋭い刺尖を呈している。そして葉心から太い花軸を立てて大きな花穂を出し、大花蓋《かがい》片の白い花をむらがりつける。

このオトコランは、今、日本国会議事堂の前庭に列をなして沢山にうえられ、すこぶる勇壮な装飾となっている。これが偶然にも国会の庭前に列植せられているのが幸いで、私はこれは議員諸君が熱意をもって国政を議するとき、わが日本のために男らしく尽すという表徴植物たらしめたいと思っている。私はオトコランの名を無意義に了《おわ》らしめぬように議員諸君に懇願してやまない。そして議員諸君が登院のさいにはぜひともこの意味で必ず燃ゆる心の一瞥《いちべつ》をこのオトコランの上に注がれんことを切望する。

このオトコランの仲間には、キミガヨラン（私の命名）、イトラン（アダムの針といわれる）、チモラン（スペインの銃剣といわれる）などがある。

土佐高知の物識《ものし》り学者今井《いまい》貞吉《さだきち》君のいうには、塀の内部にチモランを列植すれば剣のような多くの葉がむらがり刺すのだから暗夜に塀を越えて侵入し来る盗賊を防ぐにはまことに良策であるという。

盗賊を防ぐには、ジャケツイバラを塀の背に這《は》わすのもよい。これは最も有効な植物利用の盗賊除けであると信ずる。あの逆に曲っている無数の鉤刺は強く固く、この鋭い鉤刺には何物も敵し難く、煩わしくよく引っ掛り、決して脱することがない。そして、冬にその葉の小葉は落ち去ってもなお鉤刺は茎、枝に残っていて脱去しない。だから四季を通じていつも有効である。

このようにジャケツイバラには刺があるが、その葉は姿も色もまことに美しく、また更に大きな花穂を葉間に直立させて黄い花を総状花序《そうじょうかじょ》につづるさまは大いに観るに足り、塀上の風趣うたた掬《きく》すべきものがある。私は先年、伊勢宇治《いせうじ》の町で偶然珍らしくこのありさまを見、その家主人の風流と慧眼とに感服したことがあった。風流で盗賊防ぐ思い付き

# あずさ弓

万葉集《まんようしゅう》に、

八隅知之《やすみしし》……御執乃《みとらしの》……梓弓之《あずさのゆみの》

という古歌《うた》がある。

ここに詠われているアズサは、わが日本の特産の植物で、支那にはない植物である。したがって、これは梓の字を当てることは間違がっている。アズサを梓とすることはこれまでの学者の思いちがいで、いわゆる認識不足のいたすところである。

それでは、梓とはどんな木かというと、これはひとり支那にのみ産する落葉喬木《きょうぼく》で、彼《か》のキササゲと同属近縁の一種である。白色合弁の唇形花《しんけいか》が穂をなして開き、のちちょうどキササゲのような長い莢《さや》の実をつける。私は曾《かつ》て「本草」という雑誌の創刊号にその図説を出し、梓にトウキササゲという新和名をつけておいたが、しかしその生本はまだ日本へは来たことがない。

梓は、支那では木王といって、百木の長と貴び、梓より良い木は他にはないと称《たた》えている。それ故、書物を板木に鐫《え》ることを上梓《じょうし》といい、書物を発行することを梓行《しこう》と書くのである。

アズサの称呼はすこぶる旧《ふる》いが、しかしそれは今でも方言として方々の山中に残っている。この方言を使って、ここにアズサの実物を明らかにしたのは、故白井光太郎博士の功績に帰さねばなるまい。

昔、アズサを弓に製して、信州《しんしゅう》などの山国から、これを朝廷に貢した。即ち、これがいわゆる「アズサ弓」である。

今日、植物界では一般にこの木をミズメ、あるいはヨグソミネバリと呼んでいる。山中にはいればこれを見ることができる。これはシラカンバ属の一種で、大なる落葉喬木をなしている。試みにその小枝を打って嗅《か》げば、一種の臭気を感ずるから、直ぐに見分けがつく。この木の材でつくられたものに、彼の安芸《あき》の宮島《みやじま》で売っている杓子《しゃくし》や盆などがある。

# 万葉スガノミ考

万葉集に、

真鳥《まとり》住む卯名手《うなて》の神社《もり》の菅のみを
衣《きぬ》に書き付け服《き》せむ児もがも

という古歌がある。

古くから、今日まで、何《いず》れの万葉学者も、みなこの菅の実をヤマスゲであると解している。このヤマスゲは、即ち漢名の麦門冬《ばくもんとう》を指したものである。このヤマスゲは、疾《と》っくにすたれて、今ではこれをリュウノヒゲ、あるいはジャノヒゲ、またタツノヒゲなどと呼んでいる。

右の「真鳥住む卯名手の神社の菅のみを衣に書き付け服せむ児もがも」という歌の意味は、「菅《すが》」という植物が、卯名手（奈良県大和《やまと》の国、高市《たかいち》郡金橋《かなはし》村雲梯《うなて》）の神社の杜《もり》に生えていて、その熟した実を採って衣布に書きつけ、即ち摺《す》り付けて色をつけ、その染めた衣を着せてやる女があればよい、どうかどこかにあって欲しいものだというのである。してみると「すがの実」はどうしても染料になるものでなければならないことは誰が考えてもすぐ分ることであろう。

古名ヤマスゲ、今の名リュウノヒゲの実が若しも染料になるものならば、先《ま》ずはそれでその意味が通じないことはない。しかし、このリュウノヒゲの実は絶対に染料にはならぬものだ。昔から、これで物を染めたためしはない。それもその筈《はず》で、リュウノヒゲの実は、誰でも知っているように、熟せば美麗な藍色《あいいろ》の実をつけるが、これを衣布に摺り付けたとて一向に衣布は染まらないからである。

リュウノヒゲの実の藍色は単にその表皮だけである。しかも、その表皮はきわめてうすい膜で何の色汁も含んではいない、その表皮の下にはうすい薄肉層があって、中心にまるい種子のような胚乳《はいにゅう》を包んでいるに過ぎないものである。このような実が染料に使われるわけがない。これを強いて、机上で空想するのは、ひとり万葉学者のみである。これは植物を知らないために起る病弊であるといえる。

しからば「スガノミ」とは、いったい何であるかというと、それはスイカズラ科のガマズミのことで、即ち、スガノミとは、そのガマズミの実のことである。これは従来、誰一人として気がつかなったものである。

このガマズミは、浅山または丘岡《きゅうこう》あるいは原野に生じている落葉灌木《かんぼく》で、わが国の諸州にふつうに見られる。神社の杜などにはよくこれが生じている。

ガマズミは、秋になるとアズキ大の実が枝端に相集ってつき、赤色に熟してすこぶる美しい。実の中には赤い汁が含まれていて、その味が酸く、よく田舎の子供がこれを採って食している。ところによっては、これを漬物桶《おけ》へ入れて、漬物と一緒に圧し、その漬物に赤い色を附与するに用いる。

このように、その実に赤汁があって赤色に染まるので、そこで、昔、これを着色の料として衣布へ摺りつけ、これを染めたものと見える。こう解釈すれば、古歌の意味も万事よく実況と合致して何等の支障がない。

今、私が識っている限りでは、遺憾ながらガマズミにスガという方言は見つからない。しかし、ガマズミにズミの名がある。万葉のスガはけだし、このズミと同系の言葉であろうと思う。そして、どちらかが転化しているのではないかと考えられる。

ズミは元来、スミが本当で、それが音便によってズミとなったのである。このスミはソミ即ち「染み」で、物を染めることから来た名であることは明らかである。

イバラ科にもズミという植物がある。この木の樹皮は染料に使われる。

即ち、ズミの名は、これに基づいて生じ、その正しい名は「染み」からきたスミであって、それが更にズミに変じたのである。

万葉古歌のスガが、ガマズミの方言として今日もし消えやらずに大和高市郡の雲梯（卯名手）辺りに残っていることがあったとしたら、それはまことに興味深い事実を提供することになる。私は折があったら同地方に行ってこれを調査してみたいと思っている。

これまで、ガマズミの実が衣布の染料になるといった人も、また書いた人も一向になかったが、しかし、いみじくも万葉の歌がそれが染料になることを教えている。万葉の歌ではスガノミのスガに「菅」の字があて用いてある。しかし、この菅の字は通常スゲの場合に用い、スゲともスガとも訓《よ》ませている。しかし、この歌のスガノミのスガは、たとえ字は同じでもスゲではない。これは菅の字を借り用いたものに過ぎないであろう。

万葉集には、また、

妹《いも》が為《た》め菅《すが》の実《み》採りに行きし吾《あ》れ
山路《やまじ》に惑《まど》ひ此《こ》の日《ひ》暮《くら》しつ

というのもある。この場合も、これまでの万葉学者は何れも、この菅の実を、古名ヤマスゲ、つまりリュウノヒゲと解している。即ちリュウノヒゲの実は子女が玩《もてあそ》ぶもの故、それでそれを採りに行ったのだとしている。

しかし、これは決してそうではない。このスガノミは、やはりガマズミの実である。即ちこの歌の意は、衣を染めん料として、それをわが妻に与えんがために山へガマズミの実を採りに行き、そのものを捜しつつ山中をそちこちと歩き廻《まわ》り、遂にその日一日を暮してしまったというのである。

ここに妹《いも》というのは、リュウノヒゲの実をお手玉にして遊ぶほどの幼女ではあるまい。人の妻にでもなろうというほどの年輩の女にはもはやこのような幼稚きわまる遊びには全く興味はあるまい。

これから見ても、スガノミがリュウノヒゲの実でないことは確かである。ガマズミの実は染料になるので、そこでこれを女に贈れば、ために色ある美衣を製し得ることになるから、女の喜びはまた格別なものであろう。女は染めた衣を熱愛するので、その原料であるガマズミを山に採りにいくというわけである。このように解釈してこそはじめて、この歌が生きてくるのである。

このように私はスガノミはガマズミであるという説を強く主張する。たとえ、万葉学者から「お前のような門外漢が、無謀にも、わが万葉壇へくちばしを容《い》るるとはけしからん」とお叱りを蒙《こうむ》ってもかまわない。

# シーボルト画像

上野の国立博物館に「二十四才のシーボルト画像」が蔵されている。この肖像画は、彩色を施した全身画で、文政《ぶんせい》九年（一八二六）に東都に来《き》ったときの二十四才の若いシーボルトの写生肖像画で、これは「本草図譜《ほんぞうずふ》」の著者、灌園岩崎《かんえんいわさき》常正の描いたものである。

理学博士白井光太郎君の著「日本博物学年表」の口絵にこのシーボルトの肖像画がのっている。この書物には、この肖像画の上半身だけが掲げてある。

この「シーボルトの肖像画」はもと私の所有であった。この肖像画を岩崎家遺族から、本郷の一書肆《しょし》にでたものを私が買いとったものである。今から、ずっと以前の明治三十五、六年の時分でもあったろう。

私は、白井君がこのようなものを蒐集《しゅうしゅう》する嗜《し》好《こう》癖を思い遣《や》って、この肖像画を同君に進呈した。白井君は、この肖像画を、前記著書に掲げているが、それを私から得た由来は曾て一度も書いたことなく、又いささか謝意を表したこともなかったので、今ここに、この肖像画が、私から白井氏へ渡った顚末《てんまつ》を叙して、その由来を明らかにしておく。

このとき、わたしは、この外、灌園の筆で美濃《みの》半紙へ着色で描いた小金井《こがねい》桜の景色画、二、三枚をも併せて白井君に進呈しておいたが、それらの画《え》は今どこへ行っているのだろう。

また、小野蘭山自筆の掛軸一個も、私は気前よく白井君に進呈しておいた。それには、蘭山先生得意の七言絶句詩が揮毫《きごう》せられてあったが、今はその全文を忘れた。なんでも、山漆《やまうるし》、鶴蝨《かくしつ》のことが詠じてあった。

この掛軸は、私の郷里土佐、佐川町の医家山崎氏の旧蔵品で、私は前にこれを同家から購求したものであった。同時に、同家所蔵の若水《じやくすい》本「本草綱目《ほんぞうこうもく》」も亦これを買い求めた。これは今も私の宅に在る。この山崎家の今の主人は医学博士山崎正薫《まさただ》氏であったが、今は既に故人となった。

# 小野蘭山の髑髏

小野蘭山の髑髏《どくろ》の写真がある。これは珍中の珍で、容易に見ることのできないものである。今を、へだたる一五〇年ほど前の文化《ぶんか》七年に物故したこの偉人の髑髏を拝することを得たことは、私にとってこの上もない幸運であるといえる。先生の幾多貴重な名著、殊に白眉《はくび》の「本草綱目啓蒙《けいもう》」四十八巻のような、有益な書物は、生前この髑髏の頭蓋骨《ずがいこつ》内に宿った非凡な頭脳からほとばしり出た能力の結晶であることを想えば、今ここにこの影像に対して、うたた敬虔《けいけん》の念が油然《ゆうぜん》として湧き出《い》ずるのを禁じ得ない。

私においては固《もと》よりであるが、誰しも想いは同じであろう。

蘭山先生は、もと京都の人で、名を職博《もとひろ》と称《とな》え、俗称を記内といった。そして、わが国本草学中興の明星であり、四方の学徒その学風を望んでみな先生を宗とし、あたかも北辰其所《ほくしんその》に居て衆星《しゅうせい》これにむかうが如くに、その教えに浴したものである。

二十五歳の時から、自邸において弟子をあつめ、本草学を講義していて、敢《あえ》て官途には就かなかった。先生は、若いときから読書が好きで、松岡恕菴《まつおかじょあん》の門に学び、本草の学を受けた。非常に物覚えのよい人で、一度見聞したことは終生忘れなかった。

七十一歳に達したとき、幕府に召されて、東都江戸に来り、医官に列して、本草学と医学とを医学館《いがくかん》で講義した。そして時に触れては、諸国へ採薬旅行をこころみた。先生の書斎、衆芳軒《しゅうほうけん》はまるで雑品室のようで室内には、書籍や参考資料や、研究材料がいやというほど一杯に満ちて足のふみ場もなく、先生は僅《わず》かに、その間に体をいれて坐《すわ》り、机に向って或《あるい》は書を読み、或はそれを筆写し、または抄録し、また実物を研鑽《けんさん》せられた。その間、気が向けば笛を吹き、興が湧けば、詩をも賦《ふ》せられた。

シーボルトは先生を日本のリンネだと称讃した。先生は、元来、近眼であったが、眼鏡は掛けなかった。そして燈下《とうか》で字を写すにも平気で筆を運ばせ、また草木の写生図もよくした。松岡恕菴の「蘭品《らんぴん》」並びに、島田充房《しまだみつふさ》の「花彙《かい》」に先生の描かれた見事な図がある。

先生は、享保《きょうほう》十四年八月二十一日に京都の桜木町《さくらぎちょう》で生まれたが、文化七年、正月二十七日に八十二歳の高齢に達して、東都医学館の官舎で病歿《びょうぼつ》し、浅草田島町《あさくさきたじまちょう》の誓願寺《せいがんじ》に葬られて、墓碑が建った。

この偉人の墳塋《ふんえい》は、誓願寺に在ったのだが、その後昭和四年に練馬南町《ねりまみなみちょう》の迎接院《こうじょういん》（浄土宗《じょうどしゅう》）に改葬せられた。そして改葬の際、先生の髑髏が、その後裔《こうえい》によって親しく撮影せられた。私は、同遺族小野家主人の好意でその写真を秘蔵する光栄に浴し得たのである。

# 熱海の緋寒桜

春になったとはいえ、まだ冬と同じ西北からの寒い風が吹いて、木の枝を鳴らしているとき、早くもそここに既に大量な花が咲いているといったら、誰れでも「それは何だろう」と怪訝《けげん》な眼をみはるであろう。そして、「こんな寒いに、今からそんな花の咲く筈はない」と一口に片付けてしまうであろうが、それはただ寒い寒いといって、家の中に閉じこもっている人のいうことで、中々自然はそんなもんではない。われわれが寒さを感じてかじかんでいる時でも、植物には一向それが平気なものである。昔、後水尾《ごみずのお》帝の御代《みよ》にはじめて朝鮮から渡り来ったといわれるかの蠟梅《ろうばい》でしたところが、逸《いち》早く咲く花を着け、一月には已《すで》にひらきはじめる。中にはまだ十二月というのに早くも咲くような株もある。

古《いにしえ》より梅は百花のさきがけだといわれるけれども、この蠟梅は梅よりももっと早く咲く、梅の字がついているから梅の類《たぐい》だと思ったら大間違いで名こそ蠟梅だが梅とは大分かけ離れた縁遠い花木である。

が、これは元来他国者であるから、どうでもよいとして、わが日本のものでこの蠟梅に負けず早く咲くという者にツバキもあれば、ハンノキもある。

梅が早く咲くというので思い出したが、一月に伊豆の熱海《あたみ》へ行くと、この時分に赤色をした桜が咲いている。以前には、熱海にはこんな桜はなかったのだが、多分、今から凡そ四十年位か、あるいはその前後に誰かが持ってきて、熱海に入れたものであろう。この地は暖かいので、それが屋外でもよく育ち、遂に今では数本の木が同地に見られるようになった。

この桜の名は、ヒカンザクラと呼ばれるものである。またカンヒザクラともいう。元来、この桜は、どこの産かというと、これは台湾《たいわん》の山に生じているものである。それがずっと昔に琉球《りゅうきゅう》へ渡り、琉球から薩摩にきて、九州南部では久しい間、これを栽《う》えていた。それ故、同地では可《か》なり大きな木が見られる。元来、暖国の産であるからとても日本の北ではだめだというので、久しい間、誰れもこれを関東地方へは持って来なかった。ただ、大阪辺の植木屋仲間では、これを盆栽にしていたので、その仲間では少々知られていたから、あるいは少しは東京の植木屋でもその盆栽を持っていたかも知れない。しかし、とても地栽えにすることなどは思いも寄らなかったろう。その木が、たまたま熱海へ来て見ると、存外勢《いきおい》よく育つので、そこで同地では年々花が咲くようになった。

このヒカンザクラの学名をつけた人はロシアの植物学者マキシモウィッチである。熱海では、このヒカンザクラをたくさん植えて、ヒカンザクラの名所をつくるべきであろう。

# 俚謡の嘘

あまねく人口に膾炙《かいしゃ》している潮来節《いたこぶし》の俚謡《りよう》に、

潮来出島のまこもの中に、
　あやめ咲くとはしおらしい

というのがある。この元謡を「潮来図誌」で見ると、その語尾の方が少々ちがっていて、「あやめ咲くとはつゆしらず」となっている。これをその後、誰かがこの「つゆしらず」を、「しおらしい」と変えたのである。

この謡は、まことによい口調でもあり、よい文辞でもあり、またよくその情調が浮んでいるので他の

きみは三夜の三日月さまよ
　宵にちらりと見たばかり

恋にこがれてなくせみよりも
　啼かぬ螢が身を焦す

あるいは、

恋のちわぶみ鼠にひかれ
　ねずみとるよな猫ほしや

などの、同じく潮来節の謡と共に一般世間にひろまって、誰れにも唄《うた》われる有名なものとなったわけである。

しかるに、この謡を実際から観察して批評するとしたら、その謡の中に用いてある名物に矛盾があって、その点からいえば、決してこれは佳い謡とはいえない。

しかし、そんな野暮てんなことを言わずに、ふつう一般の人々が思っているように承知していれば、それはまことに佳調《かちよう》の謡であるといえるであろう。

それを今、私は実物の上から観て、物好きにいささか、この謡を批評してみたいと思う。こんなおせっかいは、これまでまだ誰れもしたことはなかろう。

さて、これを批評するにはまず少々予備知識がいる。即ちこの謡の中にでてくる植物には、マコモとアヤメがある。

マコモは、昔からカツミの名のあるものである。このマコモは、ふつうの禾本科《かほん》の小草で、どこにでもよく水中に生じており、従って水郷には付きもので、そこここにさかんに生い茂っている。

アヤメには二つの儼然《げんぜん》たる区別があることをまず知らねばならない。

その一つは、昔のアヤメで、これは今日ショウブといっているものである。即ち、五月の端午《たんご》の節句に用うるショウブである。これは、水中に生ずる水草であるから、マコモと一緒になって生えていることはあるが、決して陸地には生えない。但《ただ》し水が引き去って乾いたときには、その跡の泥地に残って生きていることはあるが、それはただ一時的のものである。このショウブの花は一向に目立たないもので、素人にはどこに花が咲いているのか分らないほどのものである。このショウブの花穂は葉と同色なため一向に見る人の注意をひかない。

も一つの方は今日いうアヤメであって、この方は陸地に限って生えている。決して水中にこれを見ることがない。

それ故、水に生えているマコモと一緒のところには見出《みいだ》し得ない。このアヤメは、カキツバタや、ハナショウブのように美麗な紫色の花を開くことは誰でもよく知っているところであろう。

さて、これだけの予備知識があればこの謡の批評ができるというものである。

そこでこの、

潮来出島のまこもの中に
　あやめ咲くとはしおらしい

という謡の中の「アヤメ」を吟味して見る。ふつうの人は、これを紫の美花を開く今日のアヤメだと思っているであろう、そうでないとしたら「しおらしい」の句が利かない。

一歩進めて考えて見れば、この謡の作者も多分このアヤメを材料に使ったものと想像される。また「潮来図誌」を編集した著者も同じく、このアヤメを念頭に置いたことは、その書の扉にある図がこれを証する。その図柄はすこぶる拙《つた》ないものであるが、それはアヤメのつもりで、この謡に関係を持たせて描かせたものであることが推想せられる。

そうすると、これは陸草で、決して水草のマコモと交って、水中に生えてはいないから、「まこもの中にあやめ咲く」と唄っては事実に合わないことになる。このアヤメならば、「しおらしい」点はよい。しかし「まこもの中に」は困ることになる。

これがもしカキツバタであったなら、これは水に生えているから何の問題も起らないが、しかし、カキツバタには不幸にして「アヤメ」の名称はない、いや、実は、これはカキツバタであるが、それでは口調が悪いから同類のアヤメの名を仮りに借用したのだと附合すれば無難だが、これはこの謡に強いて同情した考えで、それは万一そうであったらよかろう位のところである。

　それなら、謡の中のアヤメを、昔のアヤメ、つまり今のショウブとしてみる。そうすると、「まこもの中に」は及第だが、「しおらしい」で落第する。このショウブの花は少しもしおらしいなどというものではなく、まことにつまらぬけちな花だからである。

　こういうわけで、一方がよければ一方が悪く、向う立てれば、こちらが立たず、進退両難に陥ってにっちもさっちも行かなくなる。

　何んと考えこんでも、実地から観ると全く打開の途《みち》なく、どうも不都合な結果を馴《じゅん》致《ち》する。これによって、これを観ると、この有名な謡も実は事実に背いたつまらぬものであるという感じが起ってくる。

　草深いこんな鄙《ひな》にも、意外、そこに珍らしくも空色の優れた美妓《びぎ》がいて、それが一《ひと》入《しお》「しおらしい」という情調の謡とみれば、何もくどくどしく前に述べたようなやかましい理窟《りくつ》をいうにはあたらないというなら、それでもよいわ。

# 御菜葉考

昔時《せきじ》は、食物を盛るに種々な木の葉を利用したが、それが即ち「カシワ」である。このカシワの名は、それ等の総称で、即ち食物を載せ盛る葉は何んでもカシワであったのである。

今日でも、国によっては、その葉にいろいろの物を包むかのホオノキも、旧くはこれをホオガシワといった。今日では、ひとり槲《かしわ》のみがカシワの名を専有しているけれども、昔はもっと大きな汎称《はんしょう》であった。

そして、いろいろの葉を用いた余り、時には食物を盛るに「シイ」の木の葉までも使用したと見えて、

家にあらば笥《け》にもる飯を草枕
旅にしあれば椎の葉にもる

という歌がある。これは、枝付きの椎《しい》の葉を敷き、その上に握った飯を載せたものと思われる。これはちょうど、油揚げの豆腐などをヒノキの葉の上に載せるようなものと思う。大抵の人が椎の葉一枚へ飯を載せると解するから、したがってその間にとかくの議論を生ずるのだ。

さて、カシワの語源に就ては「炊《かし》ぎ葉」の約せられたものではないかといわれ、また「堅し葉」のつづまったものだともいわれている。葉に食物を盛るので、そこで食《しょく》膳《ぜん》の料理を掌《つかさ》どる人即ち膳夫を「カシワデ」と称するに至った。

このように使用せらるる種々の葉の中で、一ばんふつうに使われたのが、アカメガシワの葉であろう。それは、この木がもっともふつうに、吾人《ごじん》の周囲、即ち手近かにあるからである。その葉が広く用いられた結果、今日でもなお「カシワ」の名が存して、アカメガシワはただのアカガシワだの、またカワラガシワだのと上へ赤葉、赤、又は河原なる形容詞が加わって、名まえ面が変《かわ》って現存しているわけだ。

ある地方にあっては、田を祭るとき、特にこのアカメガシワの葉に白米を盛って供え、また時に、ある神社では、神前への御供えにやはりこの葉に食物を載せる式がある。即ち、これ等は、昔、もっともふつうにこのアカメガシワの葉が民族間に用いられた習慣が今日もなお遺《のこ》っているものである。

「ゴサイバ」は菜を盛るので「御菜葉《ごさいば》」であり、またの名「サイモリバ」は、同じく菜を盛るので「菜盛り葉」である。ところによると、これに「スシシバ」の名がある。即ち鮨柴《すししば》で、鮨を載せ包むからそう名づけたもので、こうするとその葉の香いが鮨に移ってうまいといわれる。

元来、ゴサイバ即ち御菜葉の題下には、よろしくアカメガシワに就ての事実を主体として書くべきである。

それにも拘《かかわ》らず「大言海《だいげんかい》」をひもといてみると、ごさいば（名）御菜葉〔葉に、菜を盛るに用いる由なり、桐の葉に似たり〕薗麻の異名。倭訓栞、後編、ごさいば〔御菜葉の義、菜を盛るべきを、薗麻をも称せり〕と、ただこれんばかりしか出ていない。私はこれを見て、この「大」の字を冠せる「言海」に対し、すこぶる物足らぬ感じがする。何んとなれば、実際「ゴサイバ」につき、こればかりの記事ではよくそのものを表現していないので、全く遺憾である。

大言海では、アカメガシワを閑却して、唯僅《ただ》かに「イチビ」の薗麻一つを主体として、「ゴサイバ」即ち「イチビ」の異名だといっているにすぎない。イチビと称するアオイ科の植物にも「ゴサイバ」の名はあるが、これは外来の草で、日本人が古くから、その葉に食物を載せたといわれる御菜葉そのものではないのである。とにかく、大言海がこのアカメガシワの御菜葉を書き落しているのは、辞書の使命から考えても決してその役目を全うしたものとはいえないと思う。

# ニギリタケ

ニギリタケは、広く欧洲《おうしゅう》にも北米にも産する食用キノコの一種である。ニギリタケとは「握り蕈《たけ》」の意であるが、握るにしては、その茎、即ち蕈柄が小さすぎてあまり握り栄えがしない。それで、私はこのキノコを武州飯能山《ぶしゅうはんのう》で採ったとき、

「ニギリタケ、握り甲斐《がい》なき細さかな」

と吟じてみた。ところが、天保《てんぽう》六年（一八三五）出版になった紀州《きしゅう》の坂本浩雪《さかもとこうせつ》（浩《こう》然《ねん》）の「菌譜《きんぷ》」には、毒菌類中にニギリタケを列して、

「形状一ならず、好んで陰湿の地に生ず。その色、淡紅、茎白色なり。若し人これを手に握るときは、則ち痩せ縮む、放つときは、忽ち勃起す。老するときは蓋甚だ長大なり」

と書き、握りタケとして、握り太な、ズッシリしたキノコが描いてあるが、これは

握りタケの名に因《ちな》んで、いい加減に工夫し、握るというもんだから、的物が太くなければならんと、そんな想像の図をつくったわけだ。

ところが本当のニギリタケが判ってみると、その茎は案外に痩《や》せて細いものである。さすがに川村清一博士のような菌類専門学者でも、このニギリタケは久しく分らなかったが、私が大正十四年（一九二五）八月に飛騨《ひだ》の国の高山町《たかやままち》できいたその土地のニギリタケのことを話して同博士もはじめて合点がいったのである。そこで博士は、このニギリタケのことを大正十五年六月発行の「植物研究雑誌」第三巻第六号に書いた。それで、これまであやふやしていたニギリタケが始めてはっきりした。そしてこのキノコは蓋が張り拡がると、あたかも傘のような形をしているところから一にカラカサタケとも呼ばれるとのことだ。坂本浩然の「菌譜」にカラカサモタシ、カサダケ、傘蕈としてある図のものは蓋《けだ》しカラカサダケであろうと思う。「毒あり食すべからず」と書いてあるのは事実を誤っているのであろう。

昭和三年の秋、私は陸奥《むつ》の国、恐山《おそれざん》の麓《ふもと》の林中で、大きく傘をひろげたカラカサダケ、即ちニギリタケ数個を見つけ、それを持って踊る姿をカメラに収めた。今、ここにその時のことを歌った拙作をかかげておこう。

恐れ山から、時雨《しぐ》りよとままよ

両手にかざすキノコ傘
用心すれば、雨は来で、
光りさし込む森の中
やるせないまま、傘ふって、
踊って見せる、松の影、
その腰つきのおかしさに、
森よりもるる笑い声
道行く人は何事と、
のぞいてみればこの姿。

# アケビの実

人皇五十九代宇多《うだ》天皇の御宇、それは今から一〇六一年の昔、寛平《かんぴょう》四年（八九二年）に僧昌住《しょうじゅう》の作ったわが国開闢《かいびゃく》以来最初の辞書「新撰字鏡《しんせんじきょう》」に、アケビのことを⿱艹開《あけび》と書き、

「⿱艹開、開音山女也阿介比又波太豆」

と書いてある。昌住坊さん中々さばけている。

大正六年に発行された上田《うえだ》万年《かずとし》博士外四氏共編の「大字典《だいじてん》」には、

「アケビの実の熟して、あけたる形、女陰にいとよく似たり。故に従レ艸従レ開て製れる古人の会意の字也。開は女陰の名にて和名鈔に見えたり」

と出ている。しかし、「和名抄《わみょうしょう》」即ち「倭名類聚鈔《わみょうるいじゅしょう》」には女陰は玉門としてあるが、但し玉茎下の開の字の註《ちゅう》に、「以開字為女陰」と書いてある。

私の郷里、土佐の国高岡郡佐川町では女陰を「オカイ」と称するが、これは御カイであろう。即ちカイは上古の語の遺っているものと思う。

とにかく、アケビは、その熟した実が口を開けた姿を形容したものである。故にこれが縦に割れて口を開けていることを根拠としてアケビの名が生じたと考えられる。

それで、アケビの語原《ごげん》は、この縦に開口しているのをアケツビと形容して、それが語原だとしている人に白井光太郎博士もいる。

また人によってはアケビは、「開け肉《あみ》」から来たものとし、また「欠《あくび》」からきたものともしている。

これは考えようで、どちらでもその意味は通ずるが、アケツビの方がおかしみがあって面白く、そして昔に早くも「蔔」とも「山女」とも書いてあるので、まずそれに賛成しておいた方がよいのであろう。

この語原は、若い女の前ではその説明がむつかしい。しかし、今日ではシャーシャー然たる勇敢な女が多いから、却《かえ》って興味をもって迎え聴くかも知れない。わたしの古い川柳に、

女客、アケビの前で横を向き

なるほどと眺め入ったるアケビかな

元来、アケビは実の名で、蔓《つる》の名はアケビカズラである。

日本にはアケビが二つある。植物界では一つをアケビ、も一つをミツバアケビといって分けているが、アケビは実《じつ》のところこの両方の総名である。

彼のアケビのバスケットはミツバアケビの株元から延びでて地面へ這った長い蔓を採ってつくられる。ふつうのアケビにはこの蔓がでない。

ミツバアケビの実の皮は鮮紫色《せんししょく》ですこぶる美しいが、ふつうのアケビの実の皮はそれほど美しくはない。熟したアケビの実の皮は厚ぼったいものである。中の肉身を採った残りの皮を油でいため味を附けて食用にすることがあるが、中々風雅なものである。

# 霊草マンドレーク

人参《にんじん》というものは東洋にある、いわゆる神草だ。年をへたものは、その根が手足を備えて人の形を呈しているが、この人の形を呈した人参が最も貴い。

そもそもこの人参たるや、とても大変な草なのである。ある時は、夜な夜な人の呼ぶような声で泣くこともあるという、ある時はまた、この草の生えている上に紫色の瑞気《ずいき》がたなびいたこともあったという。また、明皎々たる揺光星《ようこう》が砕け散って、天から降り、地に入ったら、それが人参に化したともいわれる。また、その威力で死にたくもない人にくびをくらせたこともあり、退引《のっぴき》ならぬ可愛い娘に身を売らせたこともあった。

こんな訳であるから、古来、人参は、これに比敵するものの無い神聖な霊草だとして崇《あが》められ、尊ばれたわけである。

この東洋の霊草人参と、相撲《すもう》を取る好敵手に、西洋の霊草マンドレークがある。ここにこの西洋の霊草マンドレークについていささか記しておこう。

マンドレークはむかし、麻痺薬として使った植物である。この植物の属名はマンドラゴラであるが、これはヒポクラテスという有名な大むかしの医者が用いた名である。これは家畜に害があるという意味のギリシャ語から来た名であるといわれる。この植物はナス科に属する有毒植物である。

このマンドレークは、いわゆるゴボウ根をもっていて、その根頭から、卵型あるいは披針型の根生葉《こんせいよう》が叢生している。花は割に大きく、鐘状で、藍紫色で、白色あるいは紫色の網状脈がある。花には臭気がある。実は球形あるいは、長楕円《だえん》形の果汁の多い漿果《しょうか》である。五月に熟して黄色を呈する。

この植物は、地中海地方、ならびに小アジア地方に産する。

このマンドレークは、旧い時代には、薬力があるともてはやされたことがある。この草の根には、瞳孔《どうこう》を散大する成分が含まれているといわれていた。

昔、ジョーセフスという人のいうには

「このマンドラゴラに触れると、必ず死ぬるが、それを免がれる方法はないでもない。このマンドラゴラを採取するには、まず草のまわりを掘り、犬をこの草につなげば、犬は脱せんとして、その草を地中から引き抜く、しかし、その犬は草の毒気にあたって死んでしまう」

とのことである。

このマンドラゴラの根が、時には二股大根《ふたまた》のように、二股に分れていたりするので、ちょうど人形のように見えることがある。そこで昔の人は、この植物に神秘を感じたものらしい。そしてこの草の根には、色情を挑発させる催淫薬《さいいん》があるといいだした。そんな訳で、昔の薬用草木書には、奇想をこらした人間のような想像図が沢山に出ておる。これには男女の別があり、男の方は長い髪をぼうぼうと生やし、女の方は丈なす髪をふさふさと垂れている。

この伝説は、今でもなお忘れられていないで、今日でもこの草は珍重され栽培されている。また、このマンドレークと誤信してユリ科の恋ナスというものが使われているところもある。この植物は西洋では恋リンゴとか悪魔リンゴとか呼ばれているもので、旧約聖書にもでている。伝説によれば、この草を帯びていれば、惚《ほ》れたり惚れられたりする恋愛のおまじないになるといわれているので、その時代の青年男女は、これを愛用したものらしい。

昔の人は、この草を地から引き抜くときには泣き声を出すのだと想像していた。それはその根の形が往々二股に岐《わか》れていて、人に似ているから、そんな迷信に陥ったものであろう。またこれが催淫薬になるということも前にいったように人の形をしているところから思い付いたものであろう。

　昔は、またマンドラゴラは悪魔除け、悪魔払いであったこともあった。この悪魔は嗅いでも分らず、視ても見えぬ幽界の魔物であった。

　昔、ヨーロッパでは、この植物がすこぶる流行した時代があった。香具師《やし》どもが、このマンドラゴラの両岐した根の股くらに、ナイフで男女のお道具の象《かた》を彫りつけてならべ、「さあさあ皆さん、男のお子さんがお生まれになるのをお望みの御方はこちらの方を、女のお子さんがお生まれになるのをお望みの御方はあちらの方をお買い召されい」と呼ばわって、これを妊婦に売りつけたものである。

　この草は元来が有毒植物である。そして、これを吐剤、下剤あるいは麻酔剤として用いた。昔は、主としてその麻酔性を利用して、これを麻酔剤ならびに鎮静剤として用いたとのことであるが、今日ではすたれている。また、この草は催淫剤として使われたことは前にものべた。

　ここに、興味のあることは、かの有名なイギリスの劇作家シェクスピーアが、その作品中にこのマンドラゴラのことを書いていることである。「マクベス」、「アントニーとクレオパトラ」、ならびに「ロメオとジュリエット」にはこのマンドラゴラのことがでてくる。

マンドラゴラ、即ちマンドレークのことを往々、狼毒《ろうどく》だとしてあるのを見かけるが、狼毒という毒草は、もともと支那の草であって、これは誤りである。

また、マンドラゴラを、「曼陀羅華《まんだらげ》」としてある本も見かけるが、これはたまたま音が似ているだけのことであって、誤りにも甚だしいものである。曼陀羅華は、ナス科に属するチョウセンアサガオ一名キチガイナスビのことであって、マンドラゴラとは雲泥の差異のある草である。

中江兆民《なかえちょうみん》先生はさすがに偉かった。兆民先生は、マンドラゴラに対して、「ナス科に属する植物なるも日本になし」と書かれている。

このマンドラゴラ、即ちマンドレークはこれほど有名な植物でありながら、一度も日本へ来たことがなかった。外のやくざの外国の草は、どしどしはいってくるのに、これはまたどうしたことであろう。

今日は、エロ全盛の時代であるから、これをヨーロッパから取り寄せて、栽培して、売りだせば、きっと大当りをするにちがいない、そして、この秘策をさずけた私には、必ずその儲けの一割をちょうだいすることとしよう。

# 仰向け椿



寺田《てらだ》寅彦《とらひこ》博士の著「柿の種」に次の通り書いた文章があった。

「今朝も、庭の椿が一輪落ちていた。調べて見ると、一度俯向に落ちたのが反転して、仰向になったことが花粉の痕跡からわかる。測定をして手帳に書きつけた。此間、植物学者に会ったとき、椿の花が仰向きに落ちるわけを、誰か研究した人があるか、と聞いて見たが、多分ないだろうということであった。花が樹にくっついている間は植物学の問題になるが、木をはなれた瞬間から以後の事柄は問題にならぬそうである。学問というものはどうも窮屈なものである。落ちた花の花粉が、落ちない花の受胎に参与することもありはしないか。

落ちざまに虻を伏せたる椿かな

という先生の句が、実景であったか、空想であったか、というような議論に幾分参考になる結果が、その内に得られるだろうと思っている」

さて、私は椿の花が地に落ちて仰向《あおむ》いている事にはこれまで度々出会っているので、この仰向く問題にはたいして感興をひかなく、うんそれは当り前のことだと思っているぐらいである。そしてこれは花が仰向くのが物理学から考えても至当なことだと信ずる。重いものが先きに落ちて、軽いものが遅く後れて落ちるのは引力の作用から考えても明らかな事実である。

椿の花は、本の方が分厚《ぶあつ》で重く、縁《へり》先きの方が拡がってはいるが分薄《ぶうす》で、比較的軽いから、それが枝から離れると、その瞬間には、無論下に向いて落ちるが、間もなくその途中、即ち空間でそれが次第に引っくり返って、縁の方、即ち下向きの方が遂に上向きになり、花の本の方を下にして地面にぼたりと達するのであって、何も敢て珍らしい現象ではなく、洵《まこと》に理の当然な落ち方である。

春に伊豆の熱海などに行くと、花の満開している椿の樹の下の地面に沢山な花が落ち散らばっていて、それが多くは上向いて枕藉《ちんせき》しているのが見られる。沢山な花の中には高い木から落ちるので、あるいは風のため、あるいは花蜜《かみつ》を吸いにくる鳥の動作のため、あるいは落ちる際のある拍子によって、往々俯伏《うつぶ》せになっているものもないではないが、しかし多くの花は大抵仰向けになっているのを見受ける。

そこで、その花の枝から地に落花する空間の距離だが、その枝が地面に近かければ、従って地面との距離が短いので、その間に花が引っくり返る余裕がないから、落ちてもそのまま俯伏せになることもあり得るわけだ。

寺田博士の検せられたその日の花は単に一輪のみであったようだが、しかし花の枝と地面との距離の遠近が何んにも書いてないけれど、それは余り高い上から落ちてきたのでないことが、その文章で察知せられる。

そして距離が短いので、その花が下向きのまま地面に落ちるや否や、その反撥《はんぱつ》で急に反転して仰向けになったようである。「花粉の痕跡」というのは、その花粉が地面に附着していたから、一度花が下向けに地面に落ち、その花粉を地面に抹し残しつつ地面の抵抗で直ぐ反転し、空間ではなく、地面で忽《たちま》ち上向きになったというようにその文章の意味が取れる。同博士の文章には、花体の本と末とに由《よ》て、その重さに軽重の差のあることは何にもうたってはないのは、同博士の実験した花が、空間で反転せずに地面で反転したからであろう。これによって、これを観れば、同博士は椿落花反転の全相には触れていなく、ただその一隅の問題のみに触れていることが解かる。

それから落ちた花の花粉がまだ落ちない花の受胎に参与すること、即ち役立つかということは、それはでき得ることだと思う。花が落ちても、花粉の機能がなお依然として保たれているものが、敢て少くないからだ。

落ちざまに虻を伏せたる椿かな

は、中には可能な場合もあれど、それはまた無い場合が多い。何んとなれば、すなわちその花が仰向くからであるからだ。従って、この俳句は巧みなようではあれど、抜けていて真実その実況には余り充てはまっていないと感ずる。これで一まず寺田博士の仰向け椿の批評はすんだが、いささか椿に関する余話をのべておこう。

ツバキを椿と書くのは、和字即ち日本製の字で、固より字音はないはずだ。強《しい》て字音で言いたければ「シュン」と呼ぶより外致し方あるまい。漢字の椿は、字音は「チン」で、これはチャンチンという落葉喬木でツバキとは似ても似つかぬ植物である。

この椿《チン》は、昔から日本にある木でタマツバキといったものだと書物に書いてあるが、これが大学者と人も評す小野蘭山の口から出ているからチャンチン、いやチャンチャラ可笑《おか》しい。そして、この椿《チン》は、中国の特産樹で、元来、日本には産せず(植えてはあるが)、彼の隠元《いんげん》禅師が、中国から持《もっ》てきて、はじめて山城宇治の黄檗山《おうばくさん》、万福寺《まんぷくじ》に植えたといわるる者で、それから漸次日本に拡まったのである。その後、この黄檗山にはこの樹が久しく絶えていたので、私はこれを残念に思い、数年前に数本の苗木を同寺へ寄附しておいたから、今それが同寺の境内に生長しているのであろう。

昔、同寺には椿《チャンチン》料理があったと書物に出ているが、今日ではその料理が廃れているようだ。支那では、この椿の嫩葉《わかば》は一つの食用品であるが、しかし微《すこ》しく一種の臭気がある。

日本人は誰れも敢てこれを啖《くら》わない。嫩葉は紅紫色で、他の樹木と異った観を呈する。この木は特別に高く直聳《ちよくしよう》し生長しているので、処により「雲破り」だの「天続づき」などの面白い異名がある。

日本でツバキの花を集め書いた書物（未刊）があって、これを百椿図《ひやくちんず》と称して疑わないが、これは、実は誤った呼び方である。ツバキという時はチンの字音では悪るく、そのチンは前にも書いたようにチャンチンであるからだ。仮りに私にいわせれば、百椿図はヒャクシュンズとするに躊躇《ちゆうちよ》しない。

# ユリ談義

　わが国では、従来本草学者でも、また植物学者でも、日本産のササユリを中国の百《ゆ》合《り》そのものだとして居り、またユリ一般をも同じく百合だと認めているけれども、実をいうと百合はササユリでもなければ、またユリでもない。

　それでは百合とは何者であるのかというと、それは中国原産のハカタユリのように思われる。この品は葉がひろく、白い花が横向きに咲いて居り、中国ではふつうに山野に見受けられるものであるらしい。即ち、これがあるいは「汝南圃史《じょなんほし》」という書物にでている「天香」かも知れない。

　百合と称するものについてのいきさつは、このようなことであるから、この百合をユリとか、ササユリとか訓ますことは断然止めねばならない。

　さて、ユリという日本名は、今は日本産のユリ属全体の総名のようになってはいるけれども、多分昔はただ一種か二種かぐらいの名であったのではなかろうか。私の考えでは、恐らく極くふつうに見るオニユリとササユリなどが、その的物であったかのように感ぜられる。

そして、そのユリなる語原は、あるいは朝鮮語から来たものではないかとも唱えられ、あるいはまたその茎が高く伸びてその先端の方に大きな花を着け、風が吹き来れば、その茎がゆらゆらと動き揺れるから、それでユリ即ち「揺り」の意からだともいわれている。

また、ユリはサヰと呼ばれる古名があるのだが、学者によってはそれはサユリの言葉が約されて、サヰになったのではないかといわれる。しかし、ユリの反しはイであってヰではないから、その辺はどんなものか、ちょっと首が傾けられる。

ササユリは日本の特産であるが、オニユリは中国と日本とが原産で、中国では巻丹《けんたん》といわれる。即ち、それはその花が丹赤色《たんせきしょく》で、花弁（正確にいえば花蓋《かがい》）が反巻《はんけん》しているからこの名がある。日本では諸州に野生があり、かつ亦《また》、もっともふつうに栽培せられているが、それはその花を賞するというよりは寧《むし》ろいわゆるその「ユリ根」を食用にするためである。

万葉集にでてくるユリの花は、自然界実際の観察から推してみるとオニユリとササユリとが、その主品で、つぎにヒメユリであり、またそのつぎがコオニユリという順序であるように思われる。

今日、通称せられているヤマユリは、古くはササユリともいわれているから、この両者を混同視してはならない。私の考えるところでは前者のヤマユリは万葉歌とは凡そ縁の遠いもので、さほど関係のないものだと思う。

今日の人々は、すぐこのヤマユリを持ちだすが、これはユリの種類の有様に通暁せぬ半可通の人のすることである。このヤマユリは関西地方には割合に稀《ま》れで、決してふつうの品ではなく、ただ処によってのみ僅かにこれを見得るに過ぎない事実を知っていなければならない。

今、若干の文献に徴すれば、徳川《とくがわ》時代から明治の初年に亘《わた》って、この種には表て立ってヤマユリの通称はない。したがってそれはそれ以後以来の名だと考えるのが至当な見解でなければならない。

しかし、ある地方の方言として、時にはその土地の人がヤマユリの名を呼んでいたことがないでもなかろう。けれども、このユリには早くから関西方面で、それにリョウリユリ、ホウライジユリ、エイザンユリ、タムノミネユリ、ウキシマユリなどの呼称があった。また、ハコネユリの名もあった。

要するに、この種をふつう一般にヤマユリと呼ぶようになったのは近代、即ち明治初年時代以後のこととみてよろしかろう。それは東京四隣の地にこのユリが多いからである。

いったい、百合とはどういう意味であるのかというと、それはその「ユリ根」の球が、百の鱗片《りんぺん》を以《もっ》て合成せられているからだというのである。そして、百は数の多いことを意味している。即ち、この鱗片が層々鱗次《りんじ》し、以て一つのタマを形ち作って居り、その鱗片は極々短縮した地中の直立茎に群がりついている。そして、その短い地中茎を植物学上では鱗茎《りんけい》と称するのだが、これはユリの地下茎、即ち根茎である。この地下茎の下部からは、多数の鬚根《ひげね》がでて、球を地中に定着し、且地中から養分を吸い取っている。地上に立っていて葉を着け、花をひらく一本の高い茎は右の地下茎からでていてその茎脚部は鱗片がこれを擁している。

この鱗片は、地中にあって、葉の変形したもので、その目的は養分貯蔵の役目を勤めている。故に、肉が厚くて、肉中に澱粉《でんぷん》を多量に含んでいる。今、この鱗片をばらばらにして、地に列《な》らべ、若しくは地に散らして埋め栽えておくと、その各片の基部から新たに小さい芽を吹き出し、繁殖するから、ユリ類を殖やすには、何んの造作もなく、ごく簡単で容易にその目的が達せられる。

特にオニユリは、その葉の腋《えき》に宛《あた》かも実がなったように、紫黒色の小肉芽ができ、このものからでも新株を作ることが可能である。このユリは、育てるに容易であるから、大いにこれを栽培して、その上品な美味を賞したらよいのであろう。しかし、惜しいことにはオニユリの鱗片にはその性質として多少の苦が味がある。

日本で、ユリの王様はサクユリであるが、輸出ユリの王様は、ヤマユリとテッポウユリとであった。日本と中国とはユリ類の宝庫でその品種の多いことは、他国の及ぶところではない。

そして世界のユリ類のもっとも立派な図説はエルウェス氏の「ユリ全書」なる大冊である。これは英国での出版で、世界中のユリに関しては、これに匹敵する書物は一つもない。実にユリ書物として、疑いもなく一つの偉観である。

前記のように、日本もユリに就ては世界に誇り得る国であるから、右エルウェス氏の書物ぐらい、いやそれよりも優れた「日本ユリ図説」ができねばうそだ。しかし、資金さえあれば、私だって作れんことはない自信はたっぷりと持っている。どうも日本人は一般に、学問に理解がなさ過《す》ぎるから金は懐に持っていても、容易にそれを提供する太っ腹の人はまずなかろう。そこが、アメリカなどとは大いに相違するところで、日本文化の後れがちなのは、そこにも一つの病根が潜んでいやせんかと公言しても、うそではございません。

美男かずら

「後撰集《ごせんしゅう》」の中の恋歌に三条右大臣の詠んだ、

名にしおはばあふ坂山のさねかづら

人に知られて来るよしもがな

というのがあって人口に膾炙している。この逢坂山《おうさかやま》は、昔は相坂とも、合坂とも書いたが、元来、山城と近江《おうみ》との界《さかい》にあって東海道筋に当り、有名な坂で、昔の関所の旧蹟《きゅうせき》であるが、今日では近江分になっている、そのかみ、ここに蟬丸《せみまる》という盲人が草《そう》庵《あん》を結んで住み、かの有名な

これやこの行も返《かえ》るも別れつつ

知るも知らぬも逢坂の関

という歌を詠んだということが言い伝えられている。

さて、この歌に詠みこまれているサネカズラとは一体どんなものか。即ち、サネカズラは「実蔓《さねかずら》」の意で、その実が目だって美麗で著しいから、それでこのような名が呼ばれるようになったのだ。その実の形はちょうど生菓子のカノコに似て、その赤い実が秋から冬へかけて長梗で蔓から葉間に垂れ下っている風情、中々もって趣きのある姿である。これは岡の小籔《こやぶ》などの落葉した雑樹に懸っているのが見られる。また、往々その常緑葉を着けた蔓をまといつかせて里の人家の生垣につくられ、そこをのぞいてみるとよく赤い実が緑葉の間に隠見している。

このサネカズラは、昔はサナカズラといったようだ。その語原は「滑《なめ》りカズラ」の意で、サは発語、ナは滑《なめ》りの意であるといわれ、このサナカズラが音転してサネカズラとなったとのことであるが、私にはこの解釈がどうもしっくりこない。

従ってサネカズラはその実《さね》をもととする名と、滑《なめ》りをもととする名の二通りの語原があることになる。私の考えでは、恐らくサネカズラが古今を通じた名であって、サナカズラと昔いったというのは、ナニヌネノの五音相通ずる音便によってサネカズラがサナカズラになまったのではないかと思う。

サネカズラには美男蔓《びなんかずら》の名がある。これにこんな名のあるのはそのわかい枝蔓の内皮が粘り、その粘汁を水に浸せしめて頭髪を梳《くしけ》ずるに用いたからである。

これは無論女が主もにそうしたろうから、美女カズラの名がありそうなもんだが、そんな名はなく美人草の名のみがある。

市中の店にビナンカズラと称えて木材を薄片にしたものを売っているが、これは多分中国産の楠《なん》（クスノキではない）ではなかろうか。この木は日本には産しない。

サネカズラは、ビナンカズラのほかにも、ビンツケカズラ、トロロカズラ、フノリ、フノリカズラ、ビナンセキ、ビジンソウなどと呼ばれる。江州では、この実の球をサルノコシカケと呼ぶとのことだ。それはぶらぶらと下っているその球へ猿が来て腰を掛けるとの意であろうが、それは頗《すこぶ》る滑稽《こっけい》味を帯びてその着想が面白い。

なお、従来、わが国の学者はサネカズラを五味子とも南五味子といっているが、これは当っていない。また古くは、このサネカズラを五味子とも称えているがこれも無論誤りである。この五味子はチョウセンゴミシという植物のことである。この植物は、朝鮮ばかりでなくわが国にも自生がある。例えば富士山《ふじさん》の北麓《ほくろく》の裾野《すその》などに見られる。玄及《げんきゅう》という漢名は五味子の別名であって、これをサネカズラに当てるのも間違っている。即ち、玄及もまたチョウセンゴミシである。

## オリーブのこと

学生の常に使用する英和辞書などには、その中の植物の訳語について今日でも、前々通り誤った訳語が使われているものがすくなくない。これは、まことに残念なことで、学生はその誤りを覚えこむので、修学上の不幸この上もない。

私は一日も早く、それが改訂せられて正しい訳語にならんことを学問のために、また日本の文化のために願うて止まない。

元来、辞書は正しいことを教え導く役目を持った書物であるから、書中の訳語は徹頭徹尾正確なものでなければならないことは理の当然だ。そして、今これを訂正するのは敢えて至難な業ではないから、これからの辞書編纂《へんさん》者は今一層忠実にそれを考慮にいれて筆を持つべきであろうと思う。

今、ここに植物の名を誤訳している著しい一例を指摘して見よう。

オリーブを、辞書では橄欖《カンラン》としてあるが、これは大変な誤訳であって、このオリーブは決して橄欖ではない。この二つはその間に何んの縁もゆかりもない。従ってオリーブの木は決して橄欖樹ではなく、オリーブの枝は、橄欖枝ではなく、オリーブ油は、橄欖油ではなく、オリーブ色は橄欖色ではなく、オリーブ状は、橄欖状ではない。これらはすべて、オリーブ、オリーブ樹、オリーブ枝、オリーブ色、オリーブ状とすればよろしい。オリーブの原語は今日、日本語としてオリーブとして少しも無理を感じない世となった。

全体、どうして、オリーブを橄欖と誤ったかというと、それは昔中国で聖書の旧約全書を翻訳して同治《どうち》二年に出版したとき、その書の創世記《そうせいき》にあるオリーブを、中国の学者が橄欖と訳したのがもとで、その訳語がその旧約全書によって日本に伝わり、そこで日本でも学者間でオリーブを橄欖と呼ぶ習慣が生じ、ひいてその誤訳の語がなお今日に至ってものこり、今でもその病根を絶つことができないのは見苦しい。

このオリーブは、昔、蘭学時代には、ホルトガルといった。即ち、今から百六十年ほど昔の寛政《かんせい》十一年に出版された大槻玄沢《おおつきげんたく》（磐水《ばんすい》）の著「蘭説辨惑」に図入りででている。そしてその油、即ちオリーブ油をホルトガルの油と呼んだ。それはホルトガル船が持ち渡したからで、またその樹も同じくホルトガルと称えた次第だ。

わが国の徳川時代における本草学者たちはズクノキ、一名ハボソを間違えて軽卒にもそれをオリーブだと思ったので、今日でもこの樹をホルトノキ（ホルトガルの木の略）と濫称《らんしょう》しているが、それは大変な誤りだ。

ズクノキをオリーブと間違えるなんて、当時の学者の頭は、この上もなく疎慢で、鑑定眼の低かったことがうかがわれる。ズクノキの葉は互生《ごせい》で、鋸歯《きょし》があり、裏面が淡緑色であり、オリーブの葉は対生《たいせい》で、全辺《ぜんぺん》で、裏面が白色であるから、比較すればすぐその違いが判るのではないか。むろん、オリーブと、ズクノキとは科も異なり、オリーブはヒイラギ科に属し、ズクノキはズクノキ科に属する。その上、オリーブは地中海小アジア地方の原産で東洋には全く産しない。

# 不許葷酒入山門

各地で、寺の門に近づくと、そこによく「不許葷酒入山門」と刻した碑石の建《た》てあることが目につく。この葷酒とは何であろうか。この葷酒とは酒と葷菜《くんさい》とを指したものである。

また、時とすると「不許葷辛酒肉入山門」と刻してあるものもある。

この戒めは、昔のことであったが、肉食妻帯が許されてある今日では、もし碑を建てれば、多分その碑面へ「歓迎葷酒入山門」と刻すのであろうか？　時世が変って反対になった。

さて右の葷菜とは、元来五葷といい、また五辛《ごしん》とよんだもので、口に辛く、鼻に臭あるもの五つを総称した名で、それは神を昏《くら》まし、性欲を押《おさ》えるために用いたものといわれている。

明《ミン》の李時珍《りじちん》が、その著「本草綱目」に書いたところによれば、「五葷は、即ち五辛にして、其辛臭にして神を昏まし、性を伐《う》つを謂うなり、云々」とある。仏家は大蒜《だいさん》、小蒜《しょうさん》、興渠《こうご》、慈葱《じそう》、茖葱《かくそう》を以て五葷となしている。大蒜はニンニクのことで、小蒜はニンニクに似た別の品種である。興渠は、薫渠ともいい強臭あるペルシァ産の植物である。慈葱は冬季のネギ、即ちフユネギで、茖葱は山地に生えるギョウジャニンニクである。

これらのものはみな辛味を有し、生食すればいかりを増し、熟食すれば婬《いん》を発し、性霊を損ずるという。したがって仏家はこれを絶ったのであろう。

# ナンジャモンジャの木

明治の中頃のことであったが、私はその頃まだ東京大学の学生だった池野成一郎と二人で、青山《あおやま》の練兵場に生えていたナンジャモンジャの木の花を採集しようということを話し合い、これを採集にでかけたことがあった。

その頃、青山練兵場は陸軍の管理地であって、その中に勝手に入ることは許されていなかった。そこで、夜中に採集を強行することにした。

私たちは人力車夫を傭《やと》ってきて練兵場の中に入り込んだ。私たちはナンジャモンジャの木の花を採集するのが目的だったが、何分木が高くて、登らにゃとれんので、人力車夫に、頼んで木に登らせ、その花枝を折らせた。

夜中で、人が見ていなかったから自由に採集できたが、昼間ではとてもできない芸当だった。それに、その頃は練兵場も荒れていたので、自由に行動できた。

それに私たちは、学術資料を採るのだからたとえ見つかっても、それほど罪にはなるまいと考えていた。

このナンジャモンジャの木は、その後すっかり有名になり大事にされるようになったが、寿命が尽きて、枯れてしまった。

私は、この時の戦利品であるナンジャモンジャの花の標品を今なお、私の標本室の中に保存して持っているが、今では得難き記念標品となってしまった。

ナンジャモンジャとはそもそも、どんなもんじゃというと、それはこんなもんじゃと持ちだされるものがいくつもある。

ナンジャモンジャという名をきくと、得体の知れぬ者のように見えるが、決してそんなもんじゃない。ナンジャモンジャの木とよばれるものには、正真正銘のナンジャモンジャもあれば、また喰わせものの偽せのナンジャモンジャもある。

まず第一に、偽せのナンジャモンジャは、東京青山の練兵場にあったもので、本名をヒトツバタゴという。この木は、天然記念物として保護されたが、今では枯れてしまった。

この木は中国、朝鮮に多い樹であるが、日本には極めて稀である。それが青山練兵場に大樹になって存在したのはすこぶる珍らしい。往時、誰れかが、どこからか持ってきて、ここに植えたものにちがいないが、まあよく無事に生きのこっていたものじゃ。この木の立ったところを、昔は六道《ろくどう》の辻《つじ》といったそうだ。それで、この木のことを一に六道木《ろくどうぼく》ともいったもんじゃ。以前は、この木はナンジャモンジャとはいわなかったが、その後、誰かが、そういいだしたので、今では学者先生でも、それに釣り込まれてナンジャモンジャとよんでいるのはいささか滑稽だ。中国では、この木は炭栗樹と称する。白紙を細かく剪《き》ったような白い花が枝に満ちて咲く。

第二のにせのナンジャモンジャは、常陸《ひたち》の筑波山《つくばさん》にある。これはアブラチャンという落葉灌木で、山林中の平凡な雑木にすぎない。

第三のにせのナンジャモンジャは、ヤブニクケイの一変種であるウスバヤブニクケイという木である。肉桂《にっけい》に近いものであるがあのような辛味と佳い香とがない。この木は、四国、九州辺には気候が暖いせいかよく繁茂している。

第四のにせのナンジャモンジャは紀伊の国の那智《なち》の入り口にあるといわれている。これは、シマクロキともいわれ、ネズミモチに似た木だといわれるが、私はまだ見たことがない。実物を見れば、すぐ判ると思うが残念である。

第五のにせのナンジャモンジャは、カツラである。この木は伊豆の国、三島町《みしままち》の三島神社境内にあって、俗にナンジャモンジャとよんでいる、昔、将軍家よりおたずねの節、これをナンジャモンジャとお答えしたとかいう伝説がある。

第六のにせのナンジャモンジャは、イヌザクラである。この木は、武蔵《むさし》の国、比企《ひき》郡松山町箭弓街道《まつやままちやきゅう》際の畠中にある。周囲に石の柵《さく》をめぐらして碑がたててある。

第七のにせのナンジャモンジャは、バクチノキだといわれている。

このほかにも、また詮索《せんさく》すれば、いくつかにせのナンジャモンジャがでて来んとも限らない。

まずまずこれで、贋造《がんぞう》のナンジャモンジャが済んだ、これからが、本尊のナンジャモンジャの番じゃ。

本物のナンジャモンジャは一体、どこにあるのじゃ。それは、東京から丑寅《うしとら》の方角に当って、即ちそこは大利根の流れにのぞむ神崎《こうざき》である。

神崎は千葉県下総《しもうさ》の香取《かとり》郡にある小さな町で、利根川の岸にある。佐原《さわら》の手前、郡《こおり》駅で汽車を降り、少しく歩くと神崎である。

利根川には渡しがあって、往時江戸から鹿島《かしま》へ行く時、ここを通ったもんじゃ。この渡しを上るとすぐ神崎の町で、町のうしろに川に臨んでひょうたん形の森があって、木がこんもりと林を成している。この林の中に神崎神社の社殿がある。

この神社の庭に、昔から名高い正真のナンジャモンジャの木が立ってござる。以前には、それが森の上にぬっとそびえて天を摩し、遠くからでも能《よ》く見えていたことが、赤松宗旦《あかまつそうたん》の「利根川図志」に見られる。

今から何年か前にこの神木に雷が落ち雷火のために神殿と共に焼けて枯れた。一説には乞食《こじき》が社殿の床下で焚火《たきび》をした不始末だとも言われている。ところが、幸《さいわい》なことには幹は死んだが、その根元から数本のひこばえがでて、今日では枯れて白骨になった親木（上の方は切り去ってある）を取り巻いて能く育ち、緑葉蓁々《しんしん》たるありさまを呈している。

先年、池松時和《いけまつときかず》氏が千葉県知事であった当時、たいそうこのナンジャモンジャを大事がり、新たに石の玉垣を造ってこれを擁護したので、今は新築の社殿の脇にもったいらしくその姿を呈《あら》わし、風雨寒暑を凌《しの》いで、このようによく繁茂しているのである。

このナンジャモンジャの正体は元来何んであるかというと、それは疑いもなくクスノキである。何等ふつうのクスノキと変りはない。このクスがどうして、この辺でそう珍らしく認められたかというと、一体この地方は暖地でなく、且利根川の流域は土地が低く、湿っているので、わが国西南地方に於《お》けるようにそう頻々とその大木を見掛けないので、特に注意をひいたもんではないかと想像する。

口碑に伝うるところでは、このナンジャモンジャの名は水戸の黄門《こうもん》公が御附けになったのだといわれている。してみると、その名のできたのはそう古いことではなく、徳川四代将軍家綱《いえつな》の時代で、今からざっと三百年ほど前のことであろう。

喜多村信節《きたむらのぶよ》の「嬉遊笑覧《きゅうしょうらん》」に、

「ナンジャモンジャ俳諧葛藤、下総から崎の岸をよせ、ナンジャモンジャの木を尋ねて何若葉自問自答の郭公。ナンジャモンジャというものに二種あり。ここにいうは樟の木なり。又周囲に太一余粮ある処あり、これをもナンジャモンジャというとなり」

と、でて居り、これを樟《くす》の木というは正しい。また、高田与清《たかだともきよ》の「鹿島日記」には、

「十九日（文政三年九月）、雨、わたしを渡りてからさきの神社にまうづ。社の前にナンジャモンジャとよぶ大樹あり、いと年へたる桂の木なりけり」と書き、

「神代よりしげりてたてる湯津桂《ゆつかつら》さかえゆくらんかぎりしらずも」

の歌が添えてある。しかし、このナンジャモンジャをユツカツラにあてるのは非で、ナンジャモンジャは前にも言ったように正にクスノキそのものである。

又、同人の「三樹考《さんじゆこう》」には、

「下総の国、香取の郡神崎の神社に、ナンジャモンジャという木あり（何ぞや物ぞやの訛なり）。これもオガタマの一種也」

と、出ているが、しかし、この書のオガタマは、今日いうオガタマではなく、クス

ノキ科に属するヤブニクケイ、シログモ、タブノキの三種の総称名である。しかし、これはむろん見当違いだ。

清水浜臣《しみずはまおみ》の「総房日記」には、

「神木とし、めぐり四丈にあまる大木有士はナンジャモンジャという。そは百年ばかりのむかし、水戸中納言殿のこのみやしろにまうで給ひしをり、所のものらに此木の名をとはせ給ひしに、人々とかくさだめかねて何ならん物ならんとあらそひしより、かくは名づけしとぞ、まことは八角茴香となりとかや」

と、あって、これは今より百数十年前の文化十二年四月二日の記事の一節であるが、これを八角茴香《はっかくういきょう》とはどこから割りだして、こんなとてつもない名を持ち出したものか訳が分らん。元来、八角茴香とはシキミ属の大茴香のことで、ナンジャモンジャとは何の縁もなく、それこそナンジャモンジャモナイモンジャだ。

なお、「利根川図志」には、このナンジャモンジャについての記事があるが、今ここにはそれの評記を省略した。というのは、この書が今、沢山なわが蔵書の中へ紛れ込んでちょっと手許《てもと》へ出て来んので致し方なくそれについてはここへ何も書かなかった。が、しかし、この書にナンジャモンジャのことを、「山桂一種」とあるのは真相を得た名ではない。

このように、ナンジャモンジャのことはこれで解決した。とにかく、この神崎のナンジャモンジャは一度は見ておいてよいもので、この本当のナンジャモンジャを知らない人は、ナンジャモンジャを談ずる資格のない者じゃ、この本家本元のナンジャモンジャを見物に一日の清遊を同地にこころみるのも亦一興ではないかと思う。東京の両国《りょうごく》駅から、優に日帰りに行くことのできるところだ。

私は、このようにナンジャモンジャに就てその委細を記述し、神崎神社の神庭に立てるその真物を、世間に発表したことにつき、同社の神官はいたく喜び、その後私が同地に到りし時、当時新たにそのナンジャモンジャの神木に接近して建てた社務所に、特別に招待して、わざわざ山下の酒造家寺田《てらだ》家（主人は憲氏）から結構な夜具を運び込み、一夜をその神木と一間位の隣りに近く宿らして呉《く》れた。私はまことに有難く、且恐縮し、謹んでその優遇を感謝したことがあったが、今追想するとこれも最早《もはや》三十年ほどもむかしのことになった。

# 親の意見とナスビの花

## 親の意見と茄子《なすび》の花は
## 千に一つの無駄がない

ということがいわれるが、ナスには果して無駄花がないのであろうか。

ウリに無駄花（雄花）があるのは誰れもよく知っている事実で、何の疑いも起らぬが、ナスにそれがあるとは、ふつうの人々には気がつくまい。

しかし、注意深い学者になると確かにナスには無駄花のあることを知っている。ふんだんにナスを作る農夫はとうにこれを知っていそうなもんだが、しかしそれを知らぬ者が多い。

それならその無駄花とは、どんな花で、そしてどんな具合にできているかというと、それは、ナス畑を一べつすればすぐ判る。

ナスの花は、茎から一個一個でているものは、みな実のなる花であるが、それが短かい穂をなして、二、三個あるいは四、五個ぐらいの花をつけているものでは、その本の一つが実花で、他はみな実のできない無駄花である。この無駄花は花の形が多少小さい。

しかし、無駄花でも、雌しべはちゃんと具《そな》わっているが、それはただいわゆる何の役にも立ちはしない。この花は、たとえ咲いても間もなく力なく落ちてしまい、ただ実花一個だけが勢よくあとに残る。

威勢のよいナスの木には、これを生ずることがしばしばあり、決して珍らしい現象ではない。こうなるのが、ナスの本性である。ナスは元来、その花序は総状花なのである。どなたでも、実地にはたけにいってこれを御覧になれば、すぐにこれを見付け、なるほどと合点がいくであろう。

人によっては、ナスの無駄花の花柱《かちゅう》は雄しべから上へは決して出ないというけれども、必ずしもそう極《きま》っているわけではない。

私は、そこで、

茄子にむだ花ないとは誰れが
　謡いそめたか無駄な歌

と、うたって見たい。今日は世の中が進歩し、現代の息子たちにはなかなか賢い者もあって、旧弊なおやじの見当ちがいの意見を甘受せず、親を馬鹿にすることもたびたびあるのを思えば、千には大分開きのある十に一つの無駄意見もあろうというもの、そこで、

親の意見となすびの花は
　十に一つの無駄もある

とうたっても、今日では異議なく通用しそうに思わるるが、実はそれが今日、実際の世相であったとしても、若い者の前で、こんな不謹慎なことを放言すると、おまえは社会の秩序を乱す大たわけめと忽ち、固いお方から叱られることになり、このおやじ馬鹿を見て、けりとなるかも知れんテ。

# 用便の功名

アスナロという植物がある。アスナロとはアスナロウで、明日はヒノキになろうといって成りかけてみたが、遂に成りおおせなかったといわれる常緑針葉樹だ。相州《そうしゅう》の箱根山《はこねやま》や、野州の日光山へ行けば多く見られる。

このアスナロの木の枝には、アスナロヒジキといって、一種異様な寄生菌類の一種が着いて生活している。ヒジキという名がついてはいるが、海藻のように食用になるものではなく、単にその姿をヒジキに擬《なぞら》えたものに過ぎないのである。

さて、この寄生菌そのものが、はじめて書物に書いてあるのは岩崎灌園の「本草図譜」であろう。即ち、その書の巻の九十にアスナロウノヤドリキとしてその図が出ている。けれども、その産地が記入してない。が、併《しか》しそれは多分野州日光山か、あるいは相州箱根山かの品を描写したものではないかと想像せられる。

明治の年になって、東京大学理科大学植物学教室の大久保三郎君が、これを明治十八、九年頃に相州箱根山で採って、それを明治二十年三月発行の「植物学雑誌」第一巻第二号に報告している。次で明治二十二年に白井光太郎博士が同誌第三巻第二十九号に、更に詳細にこれを図説考証している。

このアスナロノヒジキについて面白い私の功名ばなしがある。それは、このアスナロノヒジキを相州箱根で採ったのは、右の大久保三郎君よりは私が一足先きであったことである。

即ちそれは明治十四年（一八八一）五月のことであった。私は東京から郷里へ戻る帰途この箱根山中にさしかかった。時に私は二十歳であった。そして、その峠のところで尾籠《びろう》な話だが、たまたま大便を催したので、路傍の林中へはいって用を足しつつ、そこらを睨め廻していたら、つい眼前の木の枝に異様なものが着いているのを見つけた。用便をすませて、さっそくにその枝を折り取り、標品として土佐へ持ち帰り、これを日本紙の台紙に貼附しておいた。後ち、明治十七年（一八八四）になって再び東京へ出たとき、またそれを他の植物の標品と一緒に持参した。しかし、久しい前のことで、いまその標品は何れかへ紛失して手許に残っていないのが残念である。

即ち、このアスナロノヒジキは、かくして私がはじめてこれを箱根で採ったのである。大久保君が、同山で採ったのは、それより六、七年も後のことで、明治十八、九年頃であったのである。

# 秋田ブキ談義

秋田ブキは、わが国東北の奥羽《おうう》地方から北海道にかけて生ずる巨大な葉のフキである。このフキは北して樺太《からふと》にも産する。このフキは、南から北へ行くほど、その草丈が大きくなっている。それ故、樺太のものがもっとも雄大である。

秋田県下の山野に自生しているフキは、みな秋田ブキの種で、われ等がふつうフキと呼んで食用にしているものは、私の視た範囲では同県には野生していない。ただところにより畑に少々作っているに過ぎないようである。

秋田県を歩く人は山地でフキにであうであろうが、たとえふつうのフキのように小さくても、これはみな秋田ブキそのものである。それ故、秋田ブキは必ずしも大形のものばかりとは限らないことを識っておくべきである。

秋田県では、昔はどうであったかは知らないが、今日では彼の大形のいわゆる秋田ブキは山地でも容易に出合わない。ただあるのは小形ならびに中形ぐらいのもので、その大形のものは余程運が好くなければ見ることはむつかしい。

秋田市などで売っている絵はがきには、大形の秋田ブキがでているが、あれは肥料をやって作ったもので、同市の公園には名物だというのでこれを栽培している。

それ故、芸者を景物に添えて撮影するにはここに行けばよい。私ははじめてこの絵はがきを見たとき、芸者を遠い山奥へ連れ込んで撮影したのかと感心していたら、なんだ、町近くの畑のものだった。そんなら芸者でも、あの柔かい足に鼻緒ずれもできず、大事大事の着物も汚さず、また時々頓狂《とんきょう》な声もださずに済むわけだ。

秋田市では、その太い葉柄を砂糖漬けの菓子にして売っている。また「フキ摺り」と呼んで、その大なる葉面を布地あるいは絹地に刷っている。この二つは秋田ブキを原料に使った同地の名物である。

この秋田ブキは北海道へ行くと段々と大きくなっている。そして何れの山地でも、これが見られる。アイヌ語ではこのフキのことを「コルクニ」という。

樺太に入ると、この秋田ブキはもっとも巨大に生長し、そこここにその天性の偉容を発揮している。即ちこのフキは北するほど大きくなり、南するほど小さくなっている。つまり、暖かいより、寒いのを好く草であるといえる。

一体、秋田ブキにはその本然の特徴があって、たとえその形状は小形となっていても、慧眼なる人ならば、これをふつうのフキと見別《みわ》けることはあえて難事ではない。しかし、私の信ずるところでは、秋田ブキはふつうのこのフキの一変種である。秋田ブキたるの特徴はあるとしても、その葉形花容はその間にただ大小の差こそあれ、その形状は全く同一である。

秋田ブキに立つ「フキの薹《とう》」は、ふつうのものと同形であるが、ただその形がいくらか太い。彼の正月の盆栽に、植木屋が八つ頭と称して売っているものは、この秋田ブキを縮めて作ったものである。試みにこれを栽えておくと、秋田ブキが萌出《ほうしゅつ》する。

秋田ブキはふつうのフキのように、その葉柄は食用になるが、しかし余りうまくないので、世人はこれを歓迎しない。

とにかく秋田ブキは、直径数尺もある広い大葉面を展開し、数尺の高さ、太さ径数寸もある長葉柄を挺立《ていりつ》さすとは、他に比類のない壮観で、その偉容は優に他の百草を睥睨《へいげい》するに足り、一面、またわが日本植物の誇りでもある。

ついでに述べておきたいことは、昔からフキに欵冬だの、蕗だのの漢名が使われているが、これ等はともに誤って用いられているもので、フキには漢名はない。

# 中国の烏飯

今日はどうだか知らないが、書物によると中国に烏飯、一名楊桐飯というものがあった。即ちこれは、シャクナゲ科のシャシャンボの葉の汁をまぜて炊いたご飯で、その色が黒みがかっているので、それで烏《くろ》い飯、即ち烏飯とよぶのである。

この烏飯を食すると、陽気をたすけ、顔色を好くし、筋骨を堅くし、腸胃を健《すこや》かにし、不断に用いていれば白髪が黒くなり、老が到らぬといわれている。

私も、数年前、試みにこの飯を製してそれを千葉県成東《なるとう》での植物採集会のとき、持っていって会員に示したことがあった。

中国の書物によると、右のシャシャンボのことを南燭ともいい、一に楊桐の名もある。このシャシャンボは、常緑の灌木、もしくは小喬木で、暖地の丘阜《きゅうふ》や、浅山に生じているが、東京近くでは房州《ぼうしゅう》の清澄山《きよすみやま》に見られる。

シャシャンボは枝に花穂をなして、やせた壺状《つぼじょう》の白花が連なりひらき、後、小円実がなり、黒熟して酸汁を含むようになる。この実は地方の子供が採って食する。即ち、シャシャンボの名は、この実から来たもので、その意は小々坊《ささぼう》、即ち小さき家を意味している。そしてこの名と同じ意味を持つものがグミにもある。アキグミのことを地方によってはシャシャブという。

シャシャンボは一名ワクラハともいう。ワクラハはつまり病葉である。どうしてそんな名があるかというと、それはその紅色を帯びたわか葉から来たもので、即ち緑葉にまじってこの紅《あか》い葉を病気せるものと見立てたのである。

この中国での南燭を、わが国従来の学者はみな「ナンテン」だと信じている。かの小野蘭山の「本草綱目啓蒙」などにも、勇敢にそう書いてあるが、それは疑いもなく全くの誤りであって、南燭は決してナンテンではなく、これはシャシャンボの漢名である。

小野蘭山は上のように、この南燭をナンテンと思いこんでいるので、それで、その南燭から烏飯のことを「ナンテンメシ」といっているが、これは間違いである。烏飯は、よろしく「シャシャンボメシ」とすべきものである。蘭山はこの烏飯のことをまた「ソメイイ」（染め飯）とも書いているが、これは無難な称えである。

そこで、南燭がナンテンでないとすると、ナンテンの漢名は何であろうか。これは南天燭《なんてんしょく》であらねばならない。南燭も、南天燭とは双方相似ているので、中国の学者でも往々この両者を混同視していることがある。また、ナンテンなる南天燭には、さらに文燭《ぶんしょく》、南天竹《なんてんちく》、藍田竹、南天竺《なんてんじく》、ならびに藍天竺などの別名がある。

上の烏飯は、平素の飯ではなく、何かの節に炊くもので、先ずはわが赤飯のばあいのようなものであるようだ。そこで、想起するのはわが国で赤飯でも魚でも、他家に贈るとき、ナンテンの葉を添えることである。

人によると、これはナンテンそのものに食物を嘔吐《おうと》さす性質があるから、この贈り物で、もしも万一中毒したことがあったら、即座にこのナンテンの葉を利用して嘔吐させ、その危難を免がるるようにその親切心で添えるのだといっているが、しかし果してそうであろうか。その判断は博識の御方の説明に待つとして、私は、このナンテンの葉を添えることは、あるいは中国の祝いの烏飯に色をつける南燭をナンテンと誤認した結果の同工異曲のものではないかと想像するのである。

# スミレ談義

スミレという名を聞けば、何んということなしにそれが佳い名で、慕わしく感ずる。だから、なまじその名を穿《せん》さくすることなどは止め、その名の起りに対しては盲目であるのがむしろ賢いかとも思われる。何んとなれば、一たびその語源を識れば、どうもその美名が傷《きず》つけられるような気がしてならないからである。

スミレとは、彼の大工の使う「墨斗《すみいれ》」の形からでた名である。それはスミレの花の姿が、大工の墨斗《すみいれ》に似ているからだということである。即ちスミイレのイが自然に略されて、スミレになったのだというわけだ。

むかしから、わが日本人はスミレに対して「菫」の字を使っている。また菫菜とも書く。しかし、この菫も、菫菜も共に決してスミレそのものではないのである。従ってこのような漢字をスミレに当てることは誤りである。菫も菫菜も共にスミレとは少しも縁のない字である。

しかし、菫菫菜と菫の字を二つかさねて用いれば、これははじめてスミレとなる。しかしこの菫菫菜がわが国のスミレの何れにあたるかは、今にわかに分り兼ねる。しかし、これがとにかくスミレのある一種の名で、中国でそういわれているのである。

このように、菫の字を二つかさねて、それへ菜の字を加へ菫菫菜とするとはじめてスミレとなるが、それを菫の字一字ですましたり、菫菜としては、けっしてスミレとはならないのである。

しからば、菫、ならびに菫菜という植物は何かというと、これはセロリーのことをいうのである。

菫とは即ち芹《せり》と通じ、菫菜とも書く。中国ではこれを野菜として畑で作っている。

セロリーは、オランダミツバともいい、また一にキヨマサニンジンともいう。これは、その昔、加藤清正《かとうきよまさ》が朝鮮征伐の時、同国からその種子をもたらし、それがその後安芸の国広島の城地に野生の姿で生えていたそうである。多分今日では、もはや疾くに絶えてしまって、すでに一場の昔語りになっているであろう。

なぜ清正が、わざわざこんなものを朝鮮から持って来たかというと、彼の朝鮮征伐のみぎり、「これは名産の朝鮮人参でございます」と、朝鮮人に騙《だま》され、これを真に受けて、「これこそ貴い朝鮮人参だ」と信じて携え帰ったものらしい。セロリーにもこうした奇談があるのは面白いではないか。

また、紫花地丁という名があって、中国ではこれをスミレの一種に使っていることもある。しかし、またマメ科のイヌゲンゲという植物に使っていることもある。このイヌゲンゲは日本には産せず、中国特産の宿根草《しゅっこんそう》である。

スミレ類の名としては、中国産のものには上の菫菫菜の外にも、種類によってはなお、匙頭菜、犁頭草、箭頭草、宝剣草、如意草などの名がある。

スミレには、またわが国諸州によりいろいろの方言がある。たとえば、スモトリバナ、スモトリグサ、カギトリバナ、カギヒキバナ、アゴカキバナ、カギバナ、トノノウマ、トノウマ、コマヒキグサ、キョウノウマ、キキョウグサなどがそれである。また、古歌には、一夜《ひとよ》グサとか一葉《ひとは》グサとかいう名が用いられている。

一夜ぐさ夢さましつつ古への
　花とおもへば今も摘むらん
いのちをやかけて惜《おし》まん一葉ぐさ
　月にや花の咲かむ夜なく

というのがそれである。

わが日本は、スミレの種類が多いことでは、実に世界一である。つまりスミレでは日本は世界の一等国である。日本はスゲ類でも一等国である。なんと盛んなもんではないか。

世界のスミレ類のうち、殆《ほとん》ど五割に近い数が日本にあるのはえらいものだ、これらはみなスミレ属に属するものである。スミレ属などが集って、さらにスミレ科を構成している。

日本がスミレの国であることは何としても愉快なことである。

# 地耳

地耳というものがある。これは漢名であって、中国の諸書にこの名がでている。一つに地踏菜とも、また地踏菰とも書いてある。

従来、わが国の学者は、これをキノコの一種であると断じた。松岡恕菴、小野蘭山は共にこれをクロコ（一名クロハナ、ジャクビ、ウシノカワダケ）にあて、岩崎灌園はこれにハイタケをあてている。

しかるに、この地耳は決してそのようなキノコではない。これは越中《えっちゅう》の方言でヂクラゲというものである。地耳は、京都の北地所在に多く産し、菜店では誤ってこれを加茂《かも》川ノリと呼んでいる。この加茂川ノリというものが、地耳であることを喝破した人が京都にあった。それは山本章夫《やまもとあきお》氏（亡羊《ぼうよう》先生の孫）ではなかったかと思う。がしかし、加茂川ノリを地耳とするのはいかがかと思う。ついで、田中芳男氏もまた同じく地耳をヂクラゲだと書いている。

このヂクラゲは淡水藻中の藍藻類《らんそう》に属する念珠藻《ねんじゅも》科のネンジュモ属のもので、けだし同属中、もっともふつう品であるノストック・コンムネが、そのものであろうと思う。

この藻は、春から夏にかけて、ときどきところどころで見受けられ地面の上に生えている。寺院の庭や、芝地や、山地の廃田や、湿った山路などにあって、多くは群をなしている。雨の時などは湿れば膨れて寒天状を呈し、あたかもキクラゲを踏みつけたような姿をなし、濁黄緑色を呈してびろびろとしているが、日が照って乾けば、地面にへばりついて、ちょうど乾いた犬の糞のようになる。しかし、それが一朝水に潤えば、たちまちまたもとの膨れた形となる。また、その形状、大小はすこぶる不定である。その寒天質の体中には、無数の糸状体があって、この糸は球状細胞が一列につらなって念珠状をなしている。これは顕微鏡でなければ認められないほど細微なものである。そしてこれを念珠藻というのは、これが念珠にているからである。なお、この名は明治年間にできた名である。

この地耳は、固《もと》より生鮮なときに食すべきものではあるが、しかしまた干し貯《たくわ》うればいつまでも、そのままでいるから、随時これを水で膨らせて用うればよい。また、これを食うには三杯酢あるいは薑醋《しようがず》にするとよい。

琉球の八重山《やえやま》諸島では、これをハタケアサ（畠アオサの意）と称へ、住民はこれを採って米と共に炊《かし》ぎ食うとのことである。同地ではまた、ヂノリ（地海苔《じのり》の意）ともヂーフクラ（地膨れの意）とも呼んでいる。

中国の書物の「救荒野譜《きゆうこうやふ》」には、このものは地踏菜としてでている。

「地踏菜、一名地耳、状《かた》ち木耳の如く春夏に雨中に生ず。雨後に采りて熟して食う。日を見れば即ち枯没す。

地踏菜。雨中に生ず。晴日一たび照せば郊原空し。荘前の阿婆は阿翁を呼び。児女を相携へて去て匇々。須臾に采り得て青く籠に満つ、家に還て飽食し、歳の凶を忘る。東家の懶婦は睡正に濃かなり」

とある。今、これを読んで見るとすこぶる趣がある。

今から、二十数年前、私は備後《びんご》の帝釈峡《たいしやく》へ植物採集におもむいた帰途、山地の路上広く一面、足の踏みどころもないほど、この地耳、即ちヂクラゲが繁殖しているのにであったことがある。陣々相比《な》らび、簇々《そうそう》相薄《せ》まりその熾《さか》んなることまことに空前の盛観であった。よくも、このように殖えたものかと目を瞠《みは》らしめた。

# 珍名カッペレソウ

動物にヘッピリムシというおかしな名のものがいるかと思うと、植物の方にはカッペレソウというのがある。

カッペレソウは、ヘッピリムシのように屁《へ》とは縁はないが、この二つの名は共に誰をもへへへと笑わせる賑《にぎ》やかな味を持っている。

このカッペレソウの名は、今を距《へだ》ること二百四十四年も前の正徳《しょうとく》二年にものされた寺島良安《てらじまりょうあん》の「倭漢三才図会」巻の九十八にカッヘラソウの名ででている。そして俗名ヘネレンソウとしてある。

なお「倭漢三才図会」より、二、三年遡《さかのぼ》って、宝永六年に、貝原益軒《かいばらえきけん》によってあらわされた「大和本草《やまとほんぞう》」には、「ガッテイラ、ヘンネレス」という名がある。この両書の指すところの草の正体は相異っているようであるが、このへんてこな名の由来は同系のものである。この珍な名称は、享保十一年に出版された松岡玄達の著「用薬須知《ようやくすち》」にもでている。この本ではカッヘレソウとなっている。このカッヘレソウが、カッペレソウと発音されるようになったものであろう。

またこの草を、カッペレヘネレス、あるいはカッヘレヘンネレスと書いた人もある。このようなへんてこな名の持ち主はいったい何であるかと探ってみると、それは今日のヌリトラノオを指したものである。この植物は、諸州の暖地樹陰に生ずる常緑の一羊歯《しだ》である。

カッペレソウの名は、全体何から出たのかと想像してみると、多分これは、「カピルス・ヴェネリス」なる種名からでたのであろうと思われる。この羊歯は欧州では極めてふつうの品であり、わが国ではよく温室に見られる。またわが日本西南暖地では野生もあって、和名をホウライシダという。この羊歯は、ヌリトラノオとは大いに異っているけれども、昔の不案内時代にはこれを混同したものであろう。

ホウライシダなる「アジアンタム・カピルス・ヴェネリス」は、昔、欧州では利尿剤ならびに祛痰《きょたん》剤として薬効があると唱えられていた。そして、その後、この羊歯の生葉を原料として頭髪洗滌《せんじょう》剤がつくられるようになった。この洗滌液は頭髪の生長を促進旺盛《おうせい》ならしめるというところから「処女の髪」なる意である「カピルス・ヴェネリス」の種名が生じ、したがってこの羊歯は俗に「処女髪シダ」と呼ばれるようになった。

# 水仙一席ばなし

スイセン、それは誰にでも好かれる花である。木の葉も散りて秋も深み行き、ふつうの菊花も次第に終り際に近づき、さて寒菊の咲くころになると、はじめてスイセンの花がほころびはじめる。

最早、花の極めて少なくなった時節に、この花が盛りとなり、その潔白な色、そのゆかしい香《にお》い、またその超俗な姿、それは誰れにでも愛せらるる資質を稟《う》けているのはまことに嬉《うれ》しい。世界にあるスイセンの種類は、凡そ三十ほどであって、中にはずいぶんと立派なものもあるが、私はその中でも日本のスイセンがもっとも佳いと思っている。その嫌味のない純潔な姿は、他の同属諸種のとても及ばぬ点で、またどこから観てもこれが一ばん日本人の嗜好に適《かな》っていると思われる。

このスイセンは、また隣国の中国にも産するが、いや、これはむしろ中国の方がその本国であろう。

日本では今、房州、相州、紀州、肥前などにこのスイセンの自生区域があるにはあるが、しかし、それらは自《おのず》から地域に限られたもので、これは極めて旧い時代に中国から日本に渡ったものが、いつとはなしに園中から脱出し去って、遂に今日のような自然の姿になったものだと思われる。

スイセンは、元来好んで海近くの地に生じて、よく繁茂するところを以てみれば、これは山の草ではなく、野の草でもなく、つまり海浜をわが楽土とする植物であることがうなずかれる。

元来、スイセンという名は固《も》と、中国名の水仙から来たものであるが、今はこれがふつうの名となっているのは誰でも知っている通りである。

しかし、日本では、むかし、これをセッチュウカ(雪中花)と呼んだこともあった。これは、雪中にあっても、花が咲くからで、すこぶる佳い名である。

中国で、これを水仙と称える訳は、この草は湿った地に適して生じ、したがって水が必要だから、それでこういうのだとのことである。仙はいわゆる仙人の仙で、風俗を抜いて見えるその姿を賞讃したものであろう。そして中国では、その花を金盞銀台《きんさんぎんだい》と称するが、これは中々うまく形容した名である。

スイセンの花は一重咲きのものが、ふつうの品であるが、また中国では玉玲瓏といわるる八重咲きのものもある。また、青花と称し、その花が淡緑色を呈して八重咲きとなっているものもあるが、これはスイセンの中のもっとも下品な花で、だれもが余り顧みないものである。十二月に房州へ行くと、路傍に生じているスイセンに往々、こんなものが見られるが誰もとる人がないから、よく残って咲いている。

市中に支那水仙というものを売っている。ちょうど十一月頃から出初めて、その白い太いたまを水盤へ置いて花を咲かせる。すこぶる雅趣に富んだもので、お正月の机上の花としては無類である。

しかし、これは何もふつうのスイセンと変った別の種類ではなく、全く同種のものである。ただ充分肥しをしてたまを太くし、そしてある時期に掘り上げておき、秋に売り出すのである。

スイセンのたま、即ち園芸家のいう、いわゆる球根は、実は根ではなく鱗茎というもので、ここには養分が貯えられ厚く肉質になっているのである。

春の末になって葉が枯れても、たまの部分だけは生きたまま地中に残る。秋に新葉が萌出すると、このたまに貯えられた養分が供給される。また、たまの下に発出している白いひげ根からもむろん養分が送られる。つまり、スイセンは、たまからも根からも両方から養分が供給されて生長するわけである。

たまの外面は、黒いうすい皮で包まれているが、これは次第次第に内部から押しだされてきた層が、養分を失い、水分を失い、また生活力を失ってついにうすい皮のようになったのである。

スイセンのたまは葉の脚部でなっているが、ネギ、タマネギ、ラッキョウ、ニンニクなどのたまでも同じことである。われわれが日常食べている部分は、葉の一部である。つまり、われわれはネギ、タマネギ、ラッキョウ、ニンニクの葉を食べているわけで、決して根を食べているのではない。これらの植物の本当の根は、ちょうどスイセンと同じようにそのたまの下に白いひげ状をなしてでているものである。

スイセンのたまは割ってみると、粘液があってねばねばしている。婦人の乳房が腫《は》れたとき、このたまを磨《す》り潰して付けると効があるといわれている。またこの粘液で紙を継ぎ合すと粘力が強くて好いとのことである。スイセンの観賞価値は別として、その実用方面からではまずこの二つの効用が知られているに過ぎないようである。

スイセンは、そのたまの中央から通常四枚の葉がでるが、これは下の本茎の頂から生じているのであって、その下部は短かい筒となっている。この葉の外側に接して、三枚の鞘《さや》即ちはかまがある。はかまは同じく下の本茎から生じ、長い筒をなして葉の本を巻いている。

スイセンの葉がまっすぐに立って乱れないのは、このはかまがあって、葉の本を擁しているからである。

葉は両方に二枚ずつ相対して地上に出るが上の方はゆるく揺れ、質が厚くて白緑色を呈し、葉背は多少脊梁を反し、葉頭は鈍形である。充分よく成長した葉は、その幅が二センチメートルほどもあり、長さもまた六十センチメートルばかりに達するが、これは花のすんだ、ずっと後の状態であって、花の咲く時は、まだその葉が充分に成長しきっていないのである。

花茎は四枚の葉の中心から上に現われ出るが、それはたまの基部にある、ごく短かい、本茎の頂から発出している。花茎は緑色で一向に葉がついてなく全くの裸である。植物学ではこんな花茎を特に葶《てい》と称える。タンポポ、サクラソウなどの花茎もこれと同じである。

スイセンは、この花茎の頂にかなり大きな膜質の苞《ほう》があって、その苞の中から緑色の数小梗《しょうこう》を抽き、梗端に各一輪の花が横向きにつく。

花は、下は筒をなし、上は白色の六片に分れて、平開し、ちょうど高い脚のあるお盆の姿をなしている。花の喉のところに杯形をなした純黄色の副冠《ふっかん》があり、筒の中には黄色の六つの雄しべと、一つの花柱とがある。筒の下には緑色の子房《しぼう》があるが、このように花の下に着いている子房はこれを下位子房という。

　ここに不思議なのは、スイセンは、このように立派な花をひらき、雌しべも雄しべもちゃんとそなわり、子房の中には卵子もあって、その器官に何んの不足もないのだに、どうしたわけか、花がすんでも一向に実のできないことである。私は、ついぞスイセンに実のなったことを聞いたことも、また見たこともない。しかし、このような例は必ずしもスイセンにのみ限ったわけではなく、彼のシャガやヒガンバナなどでも同じで、やはり実がならない。

　元来、花の咲くのは実を結ばんためであるが、それを考えるとスイセンの花は、実は無駄に咲いているのである。思い遣《や》ってみれば可愛想な花である。実を結ばん花は不憫《ふびん》である。あの純真な粧《よそ》おい、あの清らかな香《にお》い、ああそれなのに、その報い得られぬこのスイセンの花には同情せずにはいられない。

　スイセンは、しかし、たまで無限に繁殖して子孫をつくり、わが大事な系統を続けることができるのはこの上ない強味である。これあるがためにスイセンは今日も尚《なお》よく栄えているわけである。

# サフラン渡来考

今頃になっても、まだ「サフランは、むかし、オランダから来た」などと、書いたり、言ったりしている学者がいるのは情けない。そこで、ここにいささかその蒙《もう》を啓《ひら》いておこう。

今日、サフランといっているものはアヤメ科の植物クロッカス・サティブスで、著名な薬用植物の一つに算《かぞ》えられている。

ところが、むかしいったサフランは、今日のこのサフランとは全然ちがう全く別の植物なのである。今日のサフランとは科も異にする。昔は、ある一種の草をサフランと間違えてこうよんでいたのである。

このように、わが国にはサフランに新旧の別があって、昔のサフランと、今のサフランとが二つある。今日のサフランはアヤメ科であるが、昔のサフランはヒガンバナ科に属する。そして、この昔のサフランは、今日これをサフランモドキと呼び、真正のサフランと明確に区別されている。

このサフランモドキの名は明治八年に当時博物局在勤の小野職愨《もとよし》氏によって名づけられたもので「新訂草木図説」にそうでている。この小野氏は、彼の有名な小野蘭山五代の後裔《こうえい》である。氏は明治二十三年十月二十七日に、年五十一才で東京神田末広町《かんだすえひろちょう》の自邸で歿《ぼっ》し、今は疾く既に故人となった。

このサフランモドキは、前にも記したように、昔は単にサフランといったが、またこれをバンサンジコ（蛮山慈姑）とも、またバンサンサンジコ（蛮産山慈姑）とも称えていた。

それ故、このバンサンジコ、ならびにバンサンサンジコを真正な本当のサフランと思ったら、これは大変な間違いである。

今日の書物で、この明らかな間違いを敢えてなしているものに白井光太郎博士著の「植物渡来考」がある。

白井博士は、種々な文献を渉猟《しょうりょう》して、この書を作られたが、このような事柄を記述することは同博士の得意の壇場であった。

それにも拘らず、上記のように、その事実を間違えられたのは、諺《ことわざ》にいう「猿も木から落ちる」「弘法も筆の誤り」で、畢竟同博士千慮の一失であるといえる。

このようなことには信用のある博士のことでもあれば、誰れも、その書中の記事に疑いを挿しはさむ人は無いであろうから、このような書中の誤りには特に注意すべきである。現に「東京史稿」の「遊園篇」にも同書の記事を転載して、著者と同じくその誤りを敢えてしている事実がある。

白井博士は、昔のサフラン、つまり今日のサフランモドキを、真正のサフランと誤認し、またバンサンジコを真正のサフランの一名と誤解している。そこで「植物渡来考」には真正のサフランが、天保年中に日本に渡来したということになっている。

この天保年中（実は、天保直後の弘化《こうか》二年）に来たといわれるものは、それは疑いもなく真正のサフランではなく、今日いうところのサフランモドキであって、当時の人はそれをサフランだと誤認していたものである。故に、バンサンジコも、バンサンサンジコも疑う余地もなく、みなサフランモドキの一名とならねばならないのである。

このように、白井博士は、昔の人が妄《みだ》りに呼んでいたサフランを真正のサフランと信じたのである。その結果「植物渡来考」には、更にサフランモドキの項が設けられてあるが、そこには、この植物について明らかにせねばならぬ筈の何等のいきさつも書いてない。

真正のサフランは、文久《ぶんきゅう》の末年に、はじめてわが国に渡来したもので、それ以前には、その生本は絶えてわが日本にはなかったのである。この事実は、「植物渡来考」の書中には見られない。真正のサフランは、明治四、五年頃に再び、その生本が来、さらに明治十九年に実用の目的で同じ、この生本が輸入せられている。

# ヤマノイモ談義

むかしから、ヤマノイモには薯蕷《しょよ》の字をあてて用いているが、これは大変なまちがいである。また、ヤマノイモに山薬の字をあてるのも同様全くのまちがいである。元来、山薬とは薯蕷の一名だからである。

それでは、この薯蕷とは何ものであるかというと、これはナガイモのことなのである。ヤマノイモには漢字がない。

ヤマノイモには、その根に種々な変り品があって畑につくられている。ヤマトイモ、キネイモ、イチョウイモ、テコイモ、ツクテイモ、トロイモなどがそれである。

そして、このナガイモは中国の産ではあるが、またわが国の産でもあって、わが国では往々河畔の地などにこれが野生している。面白いことは、畑につくられているものはみな雌株で、雄株は絶えてないことである。これから推してみると、この作物になっているナガイモは、もとあるいは中国からその雌株が移入せられたのかも知れない。しかし、本邦野生のものには雌株もあれば、雄株もある。

トロロにするには、ヤマノイモ（一名ジネンジョウ）の方がまさっている。ナガイモの方には粘力が比較的少なく、劣っている。そしてこのように生のまま食う根は外にはない。クログワイ、オオクログワイは生までも食えるけれども、これは実は塊《かい》茎《けい》であって真の根ではない。サツマイモは真の根だけれども、それは子供らがいたずらにかじっているくらいで、一般には誰れも生まいもを賞味することはない。

ヤマノイモが鰻《うなぎ》になるとは、もちろんウソの皮だが、鰻もヤマノイモも共に精力を増す滋養満点のものだから、その両方の一致した滋養能力から考えて、このように名言を作っていったのではなかろうか。書物によると、ヤマノイモの根が山岸のところであらわれでて、水の流れへ浸り込むと、それが忽ち鰻となると、まことしやかに書かれている。

ヤマノイモも、ナガイモも共に蔓の上の葉腋《ようえき》にいわゆるムカゴ、一名ヌカゴをつける。これは零余子といわれるものである。今、これを採り集めてうえると、いくらでも新しい仔苗をふやすことができる。またこのムカゴは食用にもなる。

ヤマノイモの長いすりこ木のような直根《ちょっこん》が地中深く直下してのび、それが地獄へ突

きぬけたとしたら、

天井のうらヌット突き出たヤマノイモ
閻魔の地獄大さわぎなり
これは娑婆でヤマノイモてふ滋養物
聞いて閻魔もニコツキにけり

# 谷間の姫百合

世間ではよく「谷間の姫百合」ということをいうが、こんな名の植物はない。キミカゲソウ、一名スズランのことを、俗に「谷間の姫百合」と呼称しているが、このような和名、即ち日本名をもった植物はない。それ故、「谷間の姫百合」などと書いた文章を見ると、いかにもその人の学識が浅薄なことが看取される。

しかし、どういう機会から「谷間の姫百合」というような名ができたかというと、これは、この植物を西洋では俗に“Lily-of-the-Valley”というからである。今、これを日本語に訳せば「谷の百合」である。この「谷の百合」を美辞的にしたものが「谷間の姫百合」である。明治時代の有名な西洋小説にこの「谷間の姫百合」という題のものがあり、当時の読書界を賑わしたことがある。その後、この「谷間の姫百合」なる名は、だんだんと人口に膾炙するようになってきて、今日ではキミカゲソウ（君影草）もしくはスズラン（鈴蘭）の名は知らなくとも、かえってこの「谷間の姫百合」の名を人が知っているようになった。

明治三十五年に発行された川上滝彌《かわかみたきや》、森広《もりひろし》両農学士共著「はな」（後に「花」と改める）と題する書物はかなり世人に歓迎されたものであるが、この本には、

「これぞ欧米には谿間の姫百合と称え愛でらるる野の花にて、一茎を瓶に挿せば、香気室に充ちて風致亦愛するに堪へたり、谿間の姫百合なる床かしき名あるこの草になどと和名のなかるべき。穂をなせる其花の形より「鈴蘭」の名は夙くも与えられ、又の名は君影草、俗の名は馬耳蘭と称へ、漢字は米蘭に宛てぬ」

とあり、谷間の姫百合は欧米の称えであるとことわってある。

凡そ、このような事情から、「谷間の姫百合」という名を呼ぶようになったが、それを知らずに「谷間の姫百合」を堂々とこの草の唯一の和名でもあるように吹聴《ふいちょう》するのはまことに不詮索の至りであるといわねばならない。本来、君影草だの、鈴蘭だのいう優美な佳き名が、既にあるに拘らず、これを顧みないで実物をも知らぬ文学者が一小説の書名として空に机上で訳した異国の名を以て、実際にこの草を呼ぶの必要がどこにあろうか。まことに笑止千万のことである。

文部省編集のかつての高等小学読本巻一、第十一課「西比利亜《シベリア》鉄道」のところに、

「美しき平野満目の草花なり、駅毎に谷百合、忘るな草、桜草等の花束を売る」の文がある。ここでは、キミカゲソウの名を「谷百合」として出してあるが、これは“Lily-of-the-Valley”の直訳名である。わざわざ、こんな直訳名をこしらえなくとも、この草には前にものべたように、すでに優雅な君影草あるいは鈴蘭の日本名があるではないか。何を苦しんでこんな直訳名を用い、旧来の和名を放棄する必要があるであろうか。

もし、すでに良い和名があっても採用しないというならば、どうして桜草の名もまたこれを棄てないのであるか。桜草は和名であって直訳名ではない。もし、その洋語の“Primrose”を直訳すれば「早咲きバラ」である。君影草にことさらに直訳名の谷百合を用うるならば、この桜草もまた、その訳名の「早咲きバラ」を用いねばならぬ道理ではないか。

また、この「忘るな草」は、これこれもまた洋名“Forget-me-not”の直訳名であるが、この草は固より日本に産しないから従って和名というものはない。それ故、これを「忘るな草」と訳して、それを新和名とするのはきわめて適当な処置である。この忘るな草は、川上滝彌氏がその著「はな」の中ではじめて忽忘草、または「忘れな草」と訳したものであるが、このように「忘れな草」というとあまりに俗に流れ過ぎてよくないので「忘るな草」の方がよいと思う。「予を忘るな」と言わねばならぬのではないか。

# 浮き草を眺めて

そよそよと吹き来る涼風を顔に受けつつ、じっと池面を見渡して、まずわが眼に入るものはウキクサである。

あの小さき体をしたウキクサも繁殖して、相集まれば、何時とはなしに水面を蔽《おお》い、そこここに群をなして浮び漂うている。それには根はあれども、ただそれを水中に垂れているだけで、泥に定着していないから、ウキクサの体は自由に水面を移動するのである。

水面に風わたれば、その風の吹く先き先きへ寄り集どい、あえて一処に定住することがない。されば乙由《おつゆう》の詠んだ

浮き草やけさはあちらの岸に咲く

という俳句もあれば、また、

身を浮きくさの定めなき

などの文句もある。

このウキクサには通常二種あって、その一つをウキクサ、他の一つをアオウキクサという。しかし、ウキクサの称はまたその総称として用いられることもある。

今これを、漢名で書けば水萍、また浮萍であるが、それを上のように二種に別《わか》つと、ウキクサが紫萍で、アオウキクサが青萍である。

このウキクサは昔は、カガミグサ、タネナシあるいはナキモノグサなどと称えて歌にも詠まれたものである。小野小町《おののこまち》の歌に、

まかなくに何をたねとて浮き草の
波のうねうねおひ茂るらん

というのがあるが、これは種子をまかないのに、なぜかくも水の面に盛んにでてくるのだろうかといぶかったものである。ふつうの人は、誰でも小町と同感であろうと思うが、植物学者はさすがに、そこは心得たもので、別に驚きはしない。

あのウキクサのまるい葉状体は、あれは葉ではなく、実は茎である。即ち扁《ひら》たくなった茎である。それなら葉はどこにあるかというと、この植物には、その葉は殆ど発達しないで、まず葉がないといっても差支えのないぐらいなものである。

アオウキクサの方は、その全体が緑色であるが、ウキクサ（ナキモノグサ）の方は上面が緑色で、下面の水に接している方は、紅紫色である。小町の歌はこのウキクサをいったものだ。

ウキクサは、冬は水面に出ていないため、冬の池面は鏡のようで何物もない。しかるに、春になると、そこに何時とはなしにウキクサが現われてくる。夏に入ると、それがますます繁殖して水面をおおい、秋になっても夏と同様である。それから、気候がだんだん寒くなって冬に入らんとする前になると、それが漸次に衰え、日をふるまに復《ふたた》び、水面に何物も残さぬようになり、ウキクサが何時どこへ行ったのか一向に判らなくなる。これは、いったいどういう理由なのであろうか。

ウキクサは、春、水面に出現するや否や、すぐ新体を母体から芽出たせて分離をはじめ、分離また分離で、その体を殖やしていく。これが春からはじまって秋の末、冬のはじめまで数カ月の間連続する。その結果、一が二となり、三となり、十となり、百となり千となって数限りもなくその数を加えていく。その葉状体は、いつも三、四片ぐらいずつが集まり、つながって浮いて居り、その下には各片とも数条の根を垂れている。

夏秋のころ、その体側に、たまにきわめて小さい花がつく。そして微細な種子ができる。しかし、これはあまりに小さいのでふつうの人は、誰れもこれに気がつかない。この種子からも、無論苗が生ずるわけだが、繁殖には主として体が割れる分蘖による。

冬に入らんとするころ、日を逐《お》うて気候が寒くなると、ウキクサはもうその生長が困難になる。そこで、はじめてその生命を翌年に持越さす用意をはじめる。

即ち、その浮いている体から最後に分れた一茎体は、その比重が水より重い。しかし、その母体がつながっている間は、母体に連れられ共に浮いているが、一朝それと離れるが最後、たちまち水底に沈んで、そこの泥上に横たわる。このとき、その水底をのぞくと、ちょうど小さな碁石形をしたものが、そこに静かに散在して眠っているのを見ることができる。

この沈んでいる間が冬で、この時のその水面はきれいで、もうウキクサの姿はない。しかし、アオウキクサにあっては、沈むものは極めて少なく、その多くは冬でも依然として、水面に浮いているが、冬なるが故に、夏よりはずっと衰えている。

この水底に沈んで冬眠している体は、年が春と回りて水温《ぬる》む頃になると、一斉に眠りより醒《さ》めて、前年の舞台なる水面に浮びでて、早速に復び繁殖をはじめ、それからそれへと分家を増し、日を逐うて水面をわが物顔に占領して行く。このように水底の体が、水面に浮き出す理由は、それが水底にある時、時到れば、その体中にガスが発生して体を軽くするがためである。このようなことがわかれば、冬ウキクサが水面に見えぬわけも納得できよう。

予《あらかじ》め、このような知識を用意しておけば、水面をただようウキクサを眺めても、そこに無限の感興を催すことができるのである。

## 正月の植物

お正月は年のはじめで、何もかも芽出《めで》たくなければならない。人々が気を新たにして、これからまた踏《ふ》み出そうというところで、武士でいえばいざ出陣というばあいである。

それ故、万事縁起を祝って、その門出をにぎやかにせねばならぬ。そこでお正月のお飾りの植物は芽出たずくめのものが取り揃えてあるわけだ。

### 門松の由来

まず、家の入口に門松を立てる。一方は右に、一方は左に対をなして二本立てる。門松のみどりは何となく新鮮な感じを与える。

門松は一方は雄松《おまつ》(植物学ではクロマツという)、他方は雌松《めまつ》(同じくアカマツ)を用いるのが実は正しいのである。

松は、昔から千歳《ちとせ》を契《ちぎ》るとも、また千年の齢《よわい》を保つともいわれ、いく年もいく年も、その翠《みどり》の色を保っており、その上、松は百木の長ともいわれて、まことにこの上もなく芽出たい、貴い木である。

松は四季を通じて、いつも緑の色を湛《たた》えた常緑木で、それが雪中にあっても、なお青々として凋《しぼ》まず、いわゆる松柏後凋の姿を保っている。その繁き葉の一つ一つはかんざしの脚のように必ず二本の葉が並んで、これは幾千万の夫婦の偕老《かいろう》の表象だとも見立てられる。

「こぼれ松葉を、あれ見やしゃんせ、枯れて落ちても二人づれ」

と、唄われる通りである。

また、松の枝が幹に輪生しているありさまは、車座に坐って睦《むつ》みあう一家団欒《だんらん》の相とも観ることができる。また、雄松は幹のはだが黒ずんでいて強健であるから、男の勇敢豪壮を表わし、その剛《こわ》い葉は不撓《ふとう》不屈の精神を示している。これに反し、雌松は、その幹が赤く、女の赤心貞淑を表わし、かつ葉は柔らであるので、温順な心情を示しているといえる。

このように、松は、どこから見ても、まことに嘉祝《かしゆく》すべき樹であるから、これを年頭の門松に用うることは、真に意義深いものであって、能くもこんな良木を選んだものと感嘆せざるを得ない。

## 竹は歳寒三友の一つ

竹は、松に伴って用いられるが、これは万代を契るといわれ、これも目出たいものの一つである。竹の葉は、浮華《ふか》な移り気を戒めるように、四時青々としてみどりを保ち、亭々と直上した修稈は、まっすぐな心を表わしている。また竹は、柔に似て柔ならず、剛に見えて剛ならず、その中庸を得たしなやかな姿で、それが豪勇な松に配せられて寄りそっている姿は、剛柔、相和して両者まことに相応《ふさわ》しく感ずる。そして、その脱俗の雅容は四君子の一にも算えられ、また、

「本は尺八、中は笛、末はそもじの筆の軸」

とうたわれ、まことにゆかしい性質をもっている。さればこそ、これに梅を配し、松竹梅を昔から歳寒三友と称えるのもむべなるかなである。

## しめ縄の意味

注連縄《しめなわ》は、家の入口に張るが、これは邪気を払い、不浄を避くるためである。そして、その縄は、すぐ前の秋に刈り取った稲の清らかな新藁《しんわら》で作り、一方の端は揃えてそれを切ることなしに束ねたまま用いるのが正式である。これは飾りのない質朴な心情を現わしたものである。また縄は、縄墨とも書き、心の曲らぬ意味をも現わしたも

のと解することができる。

## ダイダイの名の由来

橙《だいだい》は、代々に通わして子々孫々連綿と継承相続し、何代も何代も続く家の長久を表象させたものである。即ち、それはその家の系統を重んじ、それを断絶さするのは大罪悪であることを反映している。橙をダイダイというのは、この実がはじめは緑色で、秋になり熟すれば、赤黄色となり、それが樹上にあって年を越し、翌年になれば再び緑色を帯び来ってはじめの緑色に還《かえ》り、かく色が重なるからそれで代々といわれるとのことである。ダイダイは回青橙ともいうが、この名もこれに基づいて名づけられた訳である。また、その実のへたが二重になっているからダイダイというとの説もある。

## 裏白を用いるわけ

裏白《うらじろ》は、暖地の山に繁茂している常緑の羊歯で、その葉の裏が白色を帯びているから、それでウラジロという名がある。

この植物もまた四時、葉色が変らず質も剛く、またその整然として細裂している葉姿もすこぶるよいので、それで元日の目度たさを祝うてこれを用いはじめたものであろう。

この羊歯はまた、モロムキという別名をもっているが、これはつまり「諸向《もろむ》き」の意で、共に向い合うことを示している。これが夫婦差向いの意にとれる。またこのウラジロは元来シダという。今日ではシダはこの類の総称名のようになっているが、実はこのウラジロが本来のシダで、昔はシダといえばこのウラジロのことを指したものである。

シダは、歯朶の字をこれにあて、ヨワイノエダと訓ませ長寿を表象させている。即ち、朶《しだ》は通常長く繁く生長しているものであるから、それを長く生きる意味に取ったものである。

## 昆布の由来

昆布《こんぶ》には、ヒロメという別名がある。これは、「広がる」の意に用い、嘉祝の品とする。世間では、これをヨロコンブ、即ち「喜ぶ」の意としているが、実はこの品を祝儀の場合に用いるのは、ヒロメ、即ち「広める」の名があるからである。これは末広を芽出たい言葉として用いると同様である。

コンブは昆布の漢字に基いて昔から呼んでいる名ではあるが、元来、昆布と支那でいったものは実はワカメのことで、今、日本でいっているいわゆるコンブその物ではないのである。つまり、名の充《あ》てそこないである。コンブの本当の漢名は海帯である。

## 譲り葉とは何か

ユズリハは常磐木《ときわぎ》で四時青々と茂っているが、しかし、初夏の候になると、その葉が新陳交代する。即ち、その時分に新葉が萌出し来ると、前年の旧葉が落ち散るので間もなく新しい葉に変ってしまう。それで、これをユズリハと称する。このように葉の交代するものは、ひとりこの樹ばかりではないけれどもこの樹の葉が大きく目立ち姿も色もよいから、それで特にこれをユズリハと呼び、またこれを正月に用いたものである。

これを用いるのは、家では親は子に譲り、子は孫に譲り、譲り譲りして代々伝えて、永く、その家が繁栄しつづくことを表象し祝ったものである。

いろいろな書物には、ユズリハのことを交譲木と書いてある。しかし、その字面はまことによいけれども、これは実は誤りである。また、楠を、ユズリハとするのも誤りで、これは日本にない木である。交譲木というのはこの楠の一名である。また、旧くは楠をクスノキとしてあったが、これは固より間違いでクスノキは樟である。世間にはこんな誤りはざらにある。

## ホンダワラを飾るわけ

正月にはホンダワラも飾りに用いる。ホンダワラは、今日ではこのようにいうが、元の名はホダワラで、ホは穂であり、タワラは俵で、穂俵となし、目出たいものとしたのである。穂は、稲麦などの穀物の穂で、俵は穀物の入った俵があればまず生命には別条がないから、こんな目出たいことはない、昔は、海藻で小さい米俵の形を作って祝ったものといわれている。

旧くはこの海藻をナノリソといった。また、神馬草《じんめそう》の名もある。これは、昔、神功《じんぐう》皇后が三韓《さんかん》を征伐せられるとき、渡航中、船の中で馬糧が尽き、この海藻を飼料に代用したので、それでこれを神馬草といったとのことである。

### 蝦《えび》とトコロの由来

エビは長寿の表象として用いるものである。エビは鬚があって、その体が曲っているのを長生きの老人に見立てたものである。故にエビは海老《えび》とも書く、即ち海の老人である。ことにその姿勢が勇壮で、色も鮮やかなのでなおさら賞用されるのであろう。

トコロもエビと同じく、長寿の老人を表象したものである。その地中の地下茎の曲ったのに喩《たと》え、その鬚根を口鬚に比したものである。それ故、トコロを野老と書くが、これは野の老人の意味で、エビを海老と書くのと同じ趣である。

トコロは、古くはトコロズラといったもので、今ではこれにオニドコロの名がある。トコロの地下茎のいもは、その味がきわめて苦いが、ところによるとこれをあく汁で煮て、その苦みを薄らげ食用にすることがある。この草は、茎は蔓をなし、山野いたるところに生ずる。

**かち栗を用いるわけ**

かち栗は、シバグリの実を日に干し、臼《うす》でついて殼と渋皮とを去った中身である。カチグリのカチは搗《つ》くことであるが、そのカチの音が「勝ち」に通うので、これを勝ち栗と利かせ、戦争や勝負ごとなどに勝つとして縁起を祝うたものである。

**串柿を用いるわけ**

正月にはまた串柿《くしがき》も用いる。これは柿の実を串にさして干したもので、正月に用いるに都合がよい。カキは、万物を「掻《か》き取る」の義として祝いの一つにしたものといわれている。

**蜜柑を飾る理由**

正月には蜜柑《みかん》を飾るが、ミカンは昔のタチバナであって、これには橘の字があててある。タチバナは百果の長で、古い歴史をもった由緒ある良果であるから、これを祝嘉のものとして用いるのである。

**かやを用いる理由**

榧《かや》はどういう理由で、正月に用いるかはよくわからぬが、この実は十二脂腸虫を退治することのできる特効がある。かつ、油を含んだ木の実でもあれば、人体の養いになり、従って息災延命の幸いも得られるであろうから、嘉品として用うることになったのであろう。

# 牧野一家言

世の中を指導する立場にある人は、その指す物の名称を正しく云って、世人に教うる責任がある。にも拘《かかわ》らず上に立つこれ等の人々が臆面《おくめん》もなく間違った名を公言して憚《はばか》らないのは、わが文化のため、まことに残念であるばかりでなく、何時までも世人を駆って誤称を敢《あ》えてせしめるのは、また一種の罪悪であるともいえる。植物名にはこのような誤称が数多くあるのは困ったことである。

＊

植物を愛する心は、人間にとって大変尊いことだと思う。草や木に愛をもっということは、それを可愛がり、いためないことである。そういう心を明け暮れ養えば、人をいためないという思いやりの心が発達してくる。難しくいえば、博愛心、仏教では慈悲心ということになる。思いやりがあれば、喧嘩《けんか》はしない。喧嘩は自我心が強く、我一人よくしようという心があるから起る。強きを押え、弱きを助ける心を植物から養いたいと思う。倫理道徳というようなものは、理窟《りくつ》よりも情からはいった方がよいと思う。

＊

私はどんな小さなものでも可愛がる。植物を採集してくると、いろいろの虫がそれについてくる。それを腊葉《さくよう》にするときに、私は一匹のアリでも殺すようなことはしない。これを縁側にもっていって放してやる。そんな時、私は、このアリは何里も離れたところから、ここへつれて来られたが、この先どうなることかと心配する。他のアリの社会の中へ入っていけば、きっと排斥されるにちがいないと心配になる。こういう心を養うことができたのは、私が植物を愛した結果、自然に養われたのだと思う。

＊

何ごとにかかわらず、母親は子供をよく教育するようにしなければいけないと思う。例えば、子供にコーヒーを飲ますときに、コーヒーは何から採るか、コーヒーはどこの国の産で、どこのものが一番よいか、コーヒーはどうしてつくるか。そしてどういうふうにしてコーヒーが世界にひろまったか、というようなことを母親が子供に話して聞かせるということはきわめて有意義なことである。これからの家庭では、母親がまず、そのような知識を持って、家庭の子女教育につとめなければいけないと思う。

＊

健康を保つためには、適度に運動することが必要である。植物採集は健康上大変よいことであると思う。野外にでて、日光に当る、よい空気を吸うということになる。私がつねに健康であるのはそのためであると思う。私は小さい時は、弱く瘦《や》せていたが、植物を採集して野山を歩いているうちに身体が強くなった。植物採集では、ただ歩くのではなく心を楽しませながら歩くことができる。楽しい心で歩くとよい運動になる。科学を勉強しながら、健康を築く、これは一挙両得というものであろう。

＊

これからさき、日本が世界の国々の間に立って独立を保っていくことは中々大変なことであると思う。それにはまず国民が健康でなければいけない。健康な子供を得るにはまず母親が丈夫でなければいけない。政府は、もっと母親の健康ということについて考えてみなければいけないと思う。

＊

植物は人間がいなくても、少しも構わずに生活することができるが、人間は植物がなくては一日も生活することができない。人間は植物に対しておじぎをしなければならない立場にある。人間に必要欠くべからざる衣食住は、すべて植物によって授けられている。人間は植物に感謝の真心を捧《ささ》げなくてはならない。

＊

世界に生れでたものただわれ一人のみならば、別に何の問題も起らぬが、それが二人以上になると、いわゆる優勝劣敗の天則《てんそく》に支配せられて、お互いに譲歩せねばならぬ問題が、必然的に生じてくる。この譲歩を人間社会にもっとも必要なものとして、その精神に基いて建てた鉄則が道徳と法律とであって、ほしいままに跋扈《ばっこ》する優勝劣敗の自然力を調節し、強者を抑え、弱者を助け、そこで過不及《かふきゅう》なく全人間の幸福を保証したものだ。これが今日の人間社会の状態なのである。

ところが、そこに沢山な人間が居るのであるから、その中には他人はどうでもよい、自分ひとりよければそれで満足だと、人の迷惑も思わず我利な行いをなし、人間社会の一人としては、実に間違った考えを、その通り実行するものがいる。そのため社会の安寧秩序が何時も脅かされるのである。そこで、識者は、いろいろな方法で人間を善に導き、社会を善くしようと腐心している。今沢山な学校があって、いろいろな学問を教えていても、続々と不良な人間が後から後からでてきて、ひどく手を焼いている始末である。学校教育では、もっと人の人たる道を教えるようにしなければいけない。

＊

今日、世界の情勢をみるに、またわが国の現状を見るに、わが国は富を蓄積することが大急務であることを痛感する。わが国は、これからさきうんと金が要る。国民はこのわが国を富ますことに大覚悟を持たねばならぬ。金は国力を張る一の片腕である。人間無手の勇気ばかりでは、国は持てぬ、独立もできぬ。一方には燃ゆるが如き愛国心と勇気、一方には山と積む金、この二つの一を欠いても国は亡びる運命に遭遇する。そこでこの金を生みだす天然資源が問題となる。日本には数多くの有用植物がある。一般の国民が植物に対してもっと知識があれば、新しい資源は続々と見付かることであろう。

＊

日本人は、わが日本は「桜の国」だと自慢し威張っているが、果して威張る資格があるであろうか？　私から見れば、これは少々噴飯ものだ、殊《こと》に、東京都の桜ときたら成っちゃいない。まことに残念なことである。

私が都知事だったら、東京都を桜の都にしてみせる。東京都全体が雲の如き桜花で埋もれるようにしてみたい。

＊

美しい花ショウブは、日本の特産である。それにも拘らず日本には、一大花ショウブ園というものがない。これではまことに物足りない。東京附近には、従来堀切《ほりきり》や、四ッ木《よぎ》などに花ショウブ園があるにはあるが、あんな小規模なものではしょうがない。世界的規模としては、少くとも一里四方位のものにしたら、外国人が見に来ても、まずこの位の広さの大花ショウブ園であれば、花ショウブの本国としてそう赤面せずにすむであろう。

まごまごしていると、アメリカさんにしてやられてしまう。何んでもアメリカでは、自国産の品でないにかかわらず「花ショウブ会」というものが設立されていると聞いている。わが国産の花の名所を他にとられてはまことに情けないことであろう。

＊

私の胸に往来していることの一つは、熱海に一大サボテン公園をつくることだ。見渡す限りサボテンが大小高低参差《しんし》として相依《あいよ》り相連り、一歩園内にはいれば忽《たちま》ち熱帯国へ来たような気分になるようにしたい。これは、熱海の繁栄策の一つでもあろう。

＊

世人はいつも雑草、雑草と貶《けな》しつけるけれども、雑草だって決して馬鹿にならんものである。味《あじわ》えば味うほど、滋味のでてくるものがある。またその自然の妙工に感歎《かんたん》の声を放たねばいられなくなるものもある。世人は、今少し植物に関心を寄せて欲しい。そうするならば、その人はどれほど貴い知識と、深い趣味とを獲得するであろうか。

＊

私は、晩年に至るまで肩書きなどはもっていなかった。学位などがなくても学位のある人と同じ位仕事をし、これと対抗して相撲《すもう》をとるところにこそ愉快はあるものだと思っている。学位があれば、何か大きな手柄をしても、博士だから当り前だといわれるので興味がない。学問をするものは、学位や地位などには何の執着も感じてはならぬ。ただ、孜々《しし》として天性好きな学問の研究にはげむのが生涯の目的であり、また、唯一の楽しみというのでなければならない。

＊

教育は教師の実力が根本であって、教授術の如きは末の末であると思う。もし私をして文部大臣たらしむるならば、学校教師の実力の向上を第一に訓令する。知識を豊富にすることが極めて肝要である。徒《いたず》らに教育法や、教授術を説くものは、大砲を造ることに汲々《きゅうきゅう》として、砲弾の用意を忘れたものに等しい。いかに名砲を備えたといっても、砲弾がなくては単なる装飾物にすぎない。

＊

真の学者は、たとえ知識をもっていたとしても決して大きな顔などはしない。少しぐらい知識を持っていたとて、これを宇宙の奥深いに比ぶればとても問題にならぬほどの小ささであるから、それは何等鼻にかけて誇るには足りないはずのものである。真の学者は死ぬまで、戦々兢々《きょうきょう》として一つでも余計に知識の取得に力《つと》むるものである。

＊

人を馬だといったらどうだろう。犬を猫だといったらどうだろう。誰れでもこれを聞けば、そんな馬鹿なことは狂人でもいいはしないと、且叱《かつ》かり、且笑うであろう。

しかし、世間では、これに類したことが公然と行われているのは、確かに日本文化の低いことを証明していることだと痛感する。況《いわ》んや上は政府の官吏から、次は学者、次は教育者、次は世間の有識者且尋常の人とまでが、この犯罪者の中に入るのだと聞けば実に唖然《あぜん》として、開いた口が塞《ふさが》らず、まことに情けなく感ずる。例えば、ジャガイモを捉《とら》えてこれを馬鈴薯《ばれいしょ》だと偽る問題は正にこれであって、ジャガイモは断じて馬鈴薯ではない。馬だの猫だのといわれるのが嫌なら速かに昨非を改悛《かいしゅん》して馬鈴薯の名を追放し、以《もっ》て身近の穢《けが》れを浄《きよ》むべきだ。そして、無知の誹《そし》りから脱出すべきだ、そうしなければ文化人としては落第だ。

＊

私は、日本文化のために、これまで世間で出版せられている総《すべ》ての漢和辞典にある文字の旧《ふる》い訓《よ》み方を改めねばならんと痛感している。そして、この改訓はこの上もない大切な、且極めて重大な事柄で、実は学界にとっての緊切な大問題であるに拘わらず、誰れ一人の学者も未《いま》だ曾《かつ》てこれに指を染め、それを主張したことがなく、また実行する勇気の欠けていることは、文句なしに日本学者の恥辱であり、怠慢であり、日本学界の欠点であり、また学生たちの不幸でもある。学界で厳粛に裁判官の役を勤める神聖な辞典が、誤謬《ごびゅう》を含んだ旧態依然たる漢和辞典であっては学生にも、教育者にも、また世間一般の人たちにも、彼等の要求する正確な知識を満腹さすことができなく、それは悲しむべき不幸でなくて何であろう。私は、ふだんこのことを心配している。今、手っとり早く、若干の植物に就《つい》て、間違った訓みのある実例を挙げ、私の主張が決して出たらめでないことを証拠立ててみよう。

＊

先《ま》ず第一に、ヨモギとしてある蓬の字であるが、之《こ》れをヨモギだのムカシヨモギだのと言うのは大間違である。そして此《この》蓬は元来アカザ科などの植物を含んだ一類の草を指す名で、中国の北辺地に野生し、冬になって枯れると根が抜けて所謂朔北《いわゆるさくほく》の風に吹かれ、沙漠《さばく》地などを転ろがり行く者の名であるから、早く其《その》不当なヨモギ又はムカシヨモギの訓を取り上げねばならない。若《も》しも此蓬へ和名を附けるとすれば其《そ》れをクルマグサとかコロビグサとでも謂《い》ったら可《よ》いのであろう。

＊

次はカシ、即ちカシノキとしてある橿、彼《か》の橿原《かしはら》ノ宮《みや》と書く橿の字で、是《こ》れは決してカシではない、中国の字書の『広韻《こういん》』又は『字彙《じい》』に万年木と出ているから堅い木の名には相違ないがしかし断じて我がカシノキではない。又橿は鋤《すき》の柄の名でもある。

＊

次はスミレに用いてある菫の字を昔からスミレ（須美礼）にしてあるが、此字はスミレとは何んの関係もなく、其本物は中国でも朝鮮でも畑に作られてあるカラカサバナ科（繖形科《さんけいか》）の食用植物なる菫、一名菫菜、一名旱芹である、是れは亦《また》オランダミツバ、即ち「セロリー」（セレリ Celery 即ち学名 Apium graveolens L.）とも呼ばれる、昔から今までの学者が此菫をスミレとしているのは全く杜撰《ずさん》至極と言わねばならぬ、そして此菫が元来蔬菜《そさい》類の一である事は『本草綱目』と云う有名な支那の書物にも菫として麗々しく其部類に入れられ、セリと並んで出ているではないか、今後は昨非を改めスミレに菫の字を用うる事を止めないと、つまり学問を冒瀆《ぼうとく》した事になる。

＊

次は菅笠《すげかさ》、菅原などと書く菅の字をスゲだのカヤだのと訓ますのは全然誤りで、此菅と云う植物は中国にはあるが日本には産しない禾本科植物で、シナガリヤスと云う者である。

＊

次はワスレグサの名である萱（忘れると云う意味の字）をカヤとするものも全く間違いである、普通に刈萱《かるかや》と書いてあれど萱は決してカヤと訓むべき字ではない。

＊

次はススキを薄とするのも間違いで、此薄の字は決して草の名ではなく、其れは迫ると云う意味の形容詞である、ススキは叢《くさむら》をなして相迫り密生しているから古人が此薄の字をススキに使用したものである。

＊

次は普通にケヤキと書いてある欅の字を斯《か》くケヤキと訓ますのは誤である。そして此欅は即ち中国での麻柳で、吾人《ごじん》は今之れをシナサワグルミ或《あるい》はカンポウフウと呼んでいる、中国特産の落葉大喬木《きょうぼく》でクルミ科に属し、我がサワグルミと同属である。

＊

次はツキとしてある槻であるが、此漢字は決してツキではない、昔のツキは今のケヤキの事だが、今日の山林家や材木屋などの呼んでいるツキもケヤキと同種で其材の下等なものである。

＊

次にヒノキと書く檜の字は決してヒノキではなく、是れはイブキビャクシン、即ち略してイブキと云うものである。

＊

次にスギに用いてある杉の字は実はスギではなく、此漢字の杉の本物はコウヨウザンか或いはイヌガヤ属の一種かの名で、日本のスギとは何んの関係もない。

＊

次は梓の字を、昔からアズサと云っているのは大間違いである、故にアズサユミを梓弓と書くのは正しくない、そして此梓は日本に産しない落葉樹でノウゼンカズラ科のキササゲと同属に属し、白花が咲き和名としてトウキササゲの名がある、元来我邦でアズサと呼ぶ本物はカバノキ科のヨグソミネバリと称《とな》える落葉喬木で深山に生じ、古《いにし》えに弓に作ったものである、又梓をカワラヒサギ、即ちアカメガシワとするのも間違っている。

＊

次は通常フジとしてある藤の字をフジと訓ますのは間違いで、此藤の字は宜《よろ》しくッルとかカズラとかにせねば其訓にはならない。つまり藤の字は蔓物《つるもの》の総名たるに外ならない。彼の花を賞するフジは紫の一字を上に加えて紫藤としなければフジの名にはならんが、しかし精密に言えば其れは中国産のフジの名で日本のフジには実は漢字で書くべき名は一つもない。何んとなれば中国の紫藤と日本のフジとは同属ではあれど種が違うからである。

＊

次は彼の高山樗牛《たかやまちょぎゅう》と書いてある樗の字だが、古くから此字をヌルデだのアウチ（今云うセンダン即ち楝）だのとするのは誤りで、此れは今日云う神樹、一名ニワウルシの事である、元来中国原産の樹木の名で、彼の「樗櫟之材《ちょれきのざい》」と謂われているものである、明治初年に日本へも移植された。

＊

次はハゼノキ、即ちハジノキに使ってある櫨の字だが、是れは黄の字を添えた黄櫨を略したものである、之れを昔からハゼノキとしているのは大変な間違いで、此黄櫨は日本に産しない樹である、日本では極めて稀《ま》れに庭園に植えられていてカスミノキの和名が与えられている、葉は単葉で対生している。

＊

次は日本のサクラに使ってある桜の字は決してサクラではない。元来此《この》桜の字は其れへ桃の字を加えて書く桜桃《おうとう》を略したもので、此桜桃は中国の特産で日本には産しない。其実《そのみ》が食えるので其れが果木の仲間に入れてある。今日市場に出るオウトウは欧州原産の者で仮令《たとえ》呼び名は同じでも物は違っている、植物界では西洋実《み》ザクラと謂って中国実ザクラ即ち本当の桜桃と別《わか》っている。

＊

次は楠正成《くすのきまさしげ》などと書いてある楠であるが、之れをクスノキとしているのは大変な誤りである。又ユズリハとするのも間違いである。そして此楠の本物は元来日本に無い樹だから従って固《もと》より日本の名は無い。クスノキは樟が本字である。

＊

次は椿《チン》だが、此椿の漢字をツバキと訓するのは間違いであって、漢字の時は字音はチン、訓《よみ》の時はチャンチンでなければならない。そして此漢字の時の椿の字をツバキと訓《よま》しては悪るい、椿《チン》と同じ字体で之れをツバキと訓ます場合は、其れは和字即ち日本製の字になるので固より字音は無い筈《はず》だが、強いて字音で呼びたければシュンと云うより外に仕方がない。つまりツバキの場合は決して其れをチンと発音してはならない。故にツバキの事を書いてある烏丸光広卿《きょう》の百椿図《ヒャクチンズ》は宜しく百椿図《ヒャクシュンズ》と云わねばならない。

ん理窟だ。

＊

次は通常ハギとして用いてある萩の字は、漢字としては之れをハギと訓ませては悪るいのである。漢字と同じ字体に日本で拵《こしら》えた萩の時だけがハギで、漢字の萩はハギとは何んの関係もない。此様に和製の萩はハギとして出来た字ゆえに固より字音はない。其れは峠《とうげ》、裃《かみしも》、毟《むしる》などの字と同じ事だ。

＊

次は楓であるが、日本では之れをカエデ又はモミジに使っていれど、是れはフウと云う樹、即ち学名で言えばマンサク科の Liquidambar formosana Hance でカエデとは全く別の樹である。彼の有名な杜牧《とぼく》の詩である「遠上寒山石径斜、白雲生処有人家、停車坐愛楓林晩、霜葉紅於二月花」の楓は決してカエデではない。しかし此楓の葉も相当に紅葉するので中国人は之れを観賞する。

＊

次は茱萸をグミと訓ませてあるが是れは決してグミでなく、其れは小さい乾いた実を結ぶ呉茱萸《ごしゅゆ》の事で、此実を薬用にする。即ち彼の九月九日重陽《ちょうよう》の日に中国人の使ったものだ。日本の漢学者などが此茱萸をグミとしているのは、とんでもない大間違いだ。

＊

次は野菜類の菘の字を昔からタカナとしているが、是れは断じてタカナではなく、正しくはトウナとせねばならぬ、又之れをカラシナと訓ませた字書もあるが勿論《もちろん》間違っている。此菘の一名を昔から白菜と云うのだが今日の結球白菜も其一品である。

＊

次は柊の字をヒイラギ、榎の字をエノキ、樒の字をシキミ、梣の字をヒサカキ、蔦の字をツタ、蕗の字をフキと訓ますのは何《いず》れも非である。又柘の字をヤマグワとするのも非で、是れは中国原産の有名なハリグワである、雌雄別株の落葉樹で稚木には枝に刺《とげ》があり、実は赤色を呈して甘く食う事が出来る。葉では一種の蚕を餌育する。

又茸の字は本来はキノコ、タケ、ナバ、クサビラではない、又、橘の字はタチバナではなく柚の字はユズではない。

＊

又、栗の字は支那グリの名であって、厳格に言えば日本のクリには当て嵌《はま》らない。畢竟《ひっきょう》日本の栗には漢字で書くべき字面を持っていない。又松も実は中国産の物に限った名で、日本産のクロマツ、アカマツは共にこの松の字を適用することができない。

つまりこのクロマツ、アカマツには書くべき漢字がないわけだ。

＊

終りにも一つ、国鉄では、今なお「改札口」という語を用いている。この改札なる語ははなはだ悪く、全く意味をなしていない。このような語を平気で用いていることは国鉄の恥である。これはよろしく検札口と改正し改善すべきものだ。「改」は変更するアラタメであり、検査するアラタメではない。

# 牧野富太郎著書目録

日本植物志図篇　第一巻　第一—十一集　（一八八八—一八九一）
大日本植物誌　一—四集　（一九〇〇—一九一一）
日本羊歯植物図譜　（一九〇一）
日本禾本莎草植物図譜　（一九〇一—一九〇三）
日本植物考察　（一九〇〇、一—一九一四）
新撰日本植物図説　（一八九九—一九〇三）
日本植物総覧（根本と共編）　（一九二五）
日本植物乾腊標木目録（同右）　（一九一四）
科属検索日本植物誌（田中と共編）　（一九二八）
牧野日本植物図鑑　（一九四〇）
日本植物調査報知　二冊　敬業社
鍬条書屋植物雑識　一冊　同
植物学講義　七冊　中興館
植物記載学　一冊　同

植物乾腊標本並整理貯蔵法　一冊　同
我日本の竹類　一冊　島津製作所標本部
日本植物図鑑　一冊　北隆館
植物採集及び標本調整　一冊　岩波書店
随筆草木志　一冊　南光社
趣味の草木志　一冊　啓文社
趣味の植物採集　一冊　三省堂
原色野外植物図譜　四冊　誠文堂新光社
同学生版　一冊　同
同増訂版　二冊　同
同学生版増訂改版　同
牧野植物学全集　七冊　同
雑草三百種　一冊　厚生閣
ハナシャウブの話　一冊　文友堂
菊の話　一冊　同
牧野植物随筆　一冊　鎌倉書房

秋の七草の話　一冊　文友堂
雑草の研究と其利用（入江と共著）　一冊　白水社
植物学講話（和田と共著）　一冊　南光社
日本高山植物図譜（三好と共著）　二冊　成美堂
増訂草木図説（飯沼慾斎著　牧野富太郎増訂）　四冊　同
訂正増補日本植物総覧（根本と共著）　一冊　春陽堂
植物記　一冊　桜井書店
続植物記　一冊　同
牧野日本植物図鑑学生版　一冊　北隆館
図説普通植物検索表　一冊　千代田出版社
原色少年植物図鑑　一冊　北隆館
植物一日一題　一冊　東洋書館
牧野植物一家言　一冊　北隆館
植物学九十年　一冊　宝文館
草木とともに　一冊　ダヴィッド社
新撰日本植物図説　主宰雑誌

植物研究雑誌　（大正五年創刊）

牧野植物混混録　（昭和二一年創刊）

# 牧野富太郎伝記

「本草大家牧野富太郎」（日本及日本人、明治四〇年）
「土佐人物評論、牧野富太郎」（日本及日本人、明治四二年）
「牧野富太郎先生」（土佐博物同好会編、昭和八年）
「牧野富太郎自叙伝」（日本民族、昭和一四年）
中村浩著「近代日本の科学者、牧野富太郎」（人文閣、昭和一七年）
上村登「牧野博士伝余滴」（るねさんす、昭和二七年）
山本和夫著「植物界の至宝　牧野富太郎」（ポプラ社、昭和二八年）
中村浩著「牧野富太郎」（金子書房、昭和三〇年）
上村登著「牧野富太郎伝」（六月社、昭和三〇年）

# 牧野富太郎年譜

# 牧野富太郎年譜

| 年号 | 西暦 | 数え年 | 事項 |
|---|---|---|---|
| 文久　二年 | 一八六二 | 一 | 四月二十四日土佐国高岡郡佐川村西町組一〇一番屋敷に生る。父佐平、母久寿、幼名を成太郎と呼ぶ。 |
| 慶応　元年 | 一八六五 | 四 | 父佐平死亡。 |
| 三年 | 一八六七 | 六 | 母久寿病死。 |
| 明治　元年 | 一八六八 | 七 | 祖父小左衛門死亡、富太郎と改名。 |
| 四年 | 一八七一 | 一〇 | 佐川町西谷の土居謙護の寺子屋に入り、後同町目細谷の伊藤蘭林塾に学ぶ。この頃より植物を好み採集観察す。 |
| 五年 | 一八七二 | 一一 | 藩校名教館に学ぶ。 |
| 七年 | 一八七四 | 一三 | 佐川町に小学校開校さる。下等一級に入学、文部省編の博物図に学ぶ所多し。 |
| 九年 | 一八七六 | 一五 | この年いつとはなしに小学校退学。 |
| 十年 | 一八七七 | 一六 | 佐川小学校授業生となる。月給三円。 |
| 十三年 | 一八八〇 | 一九 | 佐川小学校授業生退職、高知市に出て弘田正郎の五松学舎に学ぶ。永沼小一郎と相識り、共に植物学を学ぶ。コレラ流行のため佐川町に帰る。 |
| 十四年 | 一八八一 | 二〇 | 四月、東京に開催の「第二回内国勧業博覧会」見物を兼ね、顕微鏡や参考書購入のため上京。文部省博物局に田中芳男、小野職愨両氏を訪い知遇を受く。五月、日光に採集。六月、箱根、伊吹山等を採集して帰郷。 |

| | | | |
|---|---|---|---|
| 明治　十七年 | 一八八四 | 二三 | 四月、二度目の上京、東京帝国大学理科大学植物学教室に出入し教授矢田部良吉、助教授松村任三と相識る。「日本植物志」の編著の志を抱く。 |
| 十九年 | 一八八六 | 二五 | この年より明治二十三年までの間東京と郷里佐川町の間を時々往復す。佐川小学校にオルガンを寄贈し、自ら有志に弾奏法を教える。高知県内及び四国各地を採集す。石版印刷業太田義二の工場に通い石版印刷術を習得する。 |
| 二十年 | 一八八七 | 二六 | 二月十五日市川延次郎、染谷徳五郎と共に「植物学雑誌」を創刊。五月、祖母浪子死亡。 |
| 二十一年 | 一八八八 | 二七 | 十一月十二日、「日本植物志図篇」第一巻第一集を出版。 |
| 二十二年 | 一八八九 | 二八 | 一月、「植物学雑誌」第三巻二十三号にて日本で初めてヤマトグサに学名を命ず。 |
| 二十三年 | 一八九〇 | 二九 | 五月十一日、東京府小岩村にてムジナモを発見。小沢寿衛子と結婚。矢田部教授より教室出入を禁止され、露都亡命を企てる。 |
| 二十四年 | 一八九一 | 三〇 | 二月十六日、マキシモウィッチ博士死去、露都行きの夢破れ駒場農科学の一室にて研究。十月九日、「日本植物志図篇」第十一集出版。十二月、郷里の家財整理のため帰省。 |
| 二十五年 | 一八九二 | 三一 | 郷里にあって横倉山、石鎚山その他各地に採集。九月、高知県南西部（幡多郡）に採集。高知市にて「高知西洋音楽会」を主宰し活躍す。 |

| 年号 | 西暦 | 数え年 | 事項 |
|---|---|---|---|
| 明治二十六年 | 一八九三 | 三二 | 一月、長女東京にて死亡、上京。<br>東京帝国大学理科大学助手を拝命、月俸十五円。<br>十月、岩手県須川岳に植物採集を行う。 |
| 二十九年 | 一八九六 | 三五 | 十月、台湾に植物採集のため出張を命ぜらる。<br>台北、新竹附近にて一カ月間採集す。旧知の小藤文次郎博士と相会す。<br>十二月、台湾より帰朝。 |
| 三十二年 | 一八九九 | 三八 | 「新撰日本植物図説」刊行。 |
| 三十三年 | 一九〇〇 | 三九 | 二月二十五日、「大日本植物志」第一集発行さる。 |
| 三十四年 | 一九〇一 | 四〇 | 二月二十日、「日本禾本莎草植物図譜」第一巻第一集出版（敬業社）。<br>五月十五日、「日本羊歯植物図譜」第一巻第一集出版（敬業社）。 |
| 三十五年 | 一九〇二 | 四一 | 東京にてソメイヨシノの苗木を買い郷里佐川へ送り移植す。 |
| 四十年 | 一九〇七 | 四六 | 八月、九州阿蘇山に採集。 |
| 四十一年 | 一九〇八 | 四七 | 十月二十二日、「植物図鑑」出版（北隆館）。 |
| 四十三年 | 一九一〇 | 四九 | 八月、愛知県伊良古崎に採集、帰途名古屋の旅館にて喀血す。 |
| 四十五年 | 一九一二 | 五一 | 一月、東京帝国大学理科大学講師となる。 |
| 大正　二年 | 一九一三 | 五二 | 四月、高知県佐川町の郷里に帰る。<br>「植物学講義」六巻出版（中興館）、「増訂草木図説」四巻完成（成美堂）。 |

| | | | |
|---|---|---|---|
| 大正　五年 | 一九一六 | 五五 | 池長孟氏の義挙により経済的危機を脱す。<br>神戸に池長植物研究所を作り標本約三十万点をおく。「植物研究雑誌」を創刊す。<br>八月、岡山県新見町方面に採集。 |
| 八年 | 一九一九 | 五八 | 北海道産オオヤマザクラ苗百本を上野公園に寄贈す。<br>六月、「植物研究雑誌」主筆を退く。<br>八月二十五日、「雑草の研究と其利用」（入江と共著）出版（白水社）。 |
| 九年 | 一九二〇 | 五九 | 七月、吉野山に採集。 |
| 十一年 | 一九二二 | 六一 | 七月、日光において成蹊高等女学校職員生徒に植物採集指導、校長中村春二と相識り種々支援を受く。<br>十二月、内務省栄養研究所事務取扱を嘱託さる。 |
| 十二年 | 一九二三 | 六二 | 三月、願により栄養研究所嘱託を解かる。<br>八月九日、「植物の採集と標品の製作整理」出版（中興館）。<br>九月一日、関東大震災に遭う。 |
| 十四年 | 一九二五 | 六四 | 九月十日、「日本植物総覧」初版、発行。 |
| 十五年 | 一九二六 | 六五 | 十一月三日、大分県因尾村井の内谷に梅の自生地を調査。<br>十二月、東京府北豊島郡大泉村上土支田五五七に新築居を移す。 |
| 昭和　二年 | 一九二七 | 六六 | 四月十六日、理学博士の学位を授けらる。<br>八月、秋田県宮川村附近を採集。<br>九月、盛岡市において岩手県小学校教員に植物学を講義。青森県下を採集。<br>十二月二十三日、札幌におけるマキシモウィッチ誕生百年記念式典に出席講演、帰途仙台に於てスエコザサを発見採集す。 |

| 年号 | 西暦 | 数え年 | 事項 |
|---|---|---|---|
| 昭和　三年 | 一九二八 | 六七 | 二月二十三日、寿衛子夫人歿す、享年五十五。<br>三月一日、「科属検索日本植物誌」（田中と共編）出版（大日本図書）。<br>七月より栃木、新潟、兵庫、岩手等十一県を採集旅行、十一月帰京。 |
| 四年 | 一九二九 | 六八 | 九月、早池峰山に登山採集す。 |
| 五年 | 一九三〇 | 六九 | 八月、鳥海山に登山採集す。 |
| 六年 | 一九三一 | 七〇 | 四月十一日、東京にて自動車事故にて負傷入院す。<br>六月、奈良県宝生寺附近を採集す。 |
| 七年 | 一九三二 | 七一 | 七月、富士山に登山採集す。<br>八月、九州英彦山に採集す。 |
| 八年 | 一九三三 | 七二 | 十月二十五日、「原色野外植物図譜」（全四巻）完成（誠文堂）。 |
| 九年 | 一九三四 | 七三 | 七月、奈良県下に採集。<br>八月一日―三日、高知県において植物採集会指導、高知市附近、横倉山、室戸岬、土佐山村、白髪山、魚梁瀬山等に採集。 |
| 十年 | 一九三五 | 七四 | 三月五日、東京放送局より「日本の植物」放送。<br>五月、伊吹山に採集旅行。<br>六月、山梨県西湖附近に採集。<br>八月、岡山県下に採集旅行。<br>十月、東京府千歳烏山附近にて採集会指導。 |

| | | | |
|---|---|---|---|
| 昭和 十一年 | 一九三六 | 七五 | 四月、高知県に帰省、郷里において旧友と花見をなし、高知会館において歓迎パーティーに出席、「桜の話」を講演。<br>四月十九日、高知市高見山附近で高知博物学会の採集会指導。<br>七月二十五日、「随筆草木志」出版（南光社）。<br>十月十日、東京会館において「不遇の老学者をねぎらう会」に招かる。<br>十月二十二日、「牧野植物学全集」全六巻、附録一巻完成。 |
| 十二年 | 一九三七 | 七六 | 一月二十五日、朝日文化賞を受ける。 |
| 十三年 | 一九三八 | 七七 | 六月、喜寿記念祝賀会が催され記念品を贈られる。 |
| 十四年 | 一九三九 | 七八 | 五月二十五日、東京帝国大学理学部講師辞任、勤続四十七年。 |
| 十五年 | 一九四〇 | 七九 | 七月、宝塚熱帯植物園を訪問。<br>八月、九州各地を採集す。<br>九月、豊前犬ヶ岳にて崖より落ち重傷、別府にて静養、十二月三十一日帰京。<br>十月二日、「牧野日本植物図鑑」発行さる。 |
| 十六年 | 一九四一 | 八〇 | 五月三日、満州国のサクラ調査のため神戸出帆、約五千点の標本を採集し六月十五日門司着帰朝。<br>六月、民間アカデミー国民学術協会より表彰さる。<br>十一月、安達潮花氏の寄贈により「牧野植物標品館」建設さる。<br>池長研究所に置いた三十万点の標本二十五年目に帰る。<br>十二月八日、太平洋戦争勃発。 |
| 十八年 | 一九四三 | 八二 | 八月二十日、「植物記」出版（桜井書店）。 |
| 十九年 | 一九四四 | 八三 | 四月十日、「続植物記」出版（桜井書店）。 |

| 年号 | 西暦 | 数え年 | 事項 |
| --- | --- | --- | --- |
| 昭和　二十年 | 一九四五 | 八四 | 四月、敵機の至近弾により牧野植物標品館の一部破壊せらる。<br>五月、山梨県巨摩郡穂坂村に疎開す。八月十五日、太平洋戦争終戦。<br>十月二十四日、帰京。 |
| 二十二年 | 一九四七 | 八六 | 六月二十日、「牧野植物随筆」出版（鎌倉書房）。 |
| 二十三年 | 一九四八 | 八七 | 七月十五日、「趣味の植物誌」出版（壮文社）。<br>十月七日、皇居に参内、天皇陛下に植物御進講。 |
| 二十四年 | 一九四九 | 八八 | 四月一日、「牧野日本植物図鑑」学生版出版（北隆館）。<br>六月二十三日、大腸カタルにて危篤となるが奇蹟的に恢復。<br>「植物研究雑誌」第二十四巻発行。 |
| 二十五年 | 一九五〇 | 八九 | 五月三十一日、「図説普通植物検索表」出版（千代田出版社）。<br>十月六日、日本学士院会員に推選さる。 |
| 二十六年 | 一九五一 | 九〇 | 一月、文部省に「牧野博士標本保存委員会」設置。<br>七月、朝比奈泰彦博士委員長となりて標本の整理始まる。<br>七月、第一回文化功労者として文化年金五十万円を受ける。 |
| 二十七年 | 一九五二 | 九一 | 郷里高知県佐川町旧邸址に「誕生の地」の記念碑建設さる。 |
| 二十八年 | 一九五三 | 九二 | 一月、「原色少年植物図鑑」出版（北隆館）。<br>一月十七日、老人性気管支炎にて重態となるも恢復。<br>一月、「植物学名辞典」（清水と共著）出版（和田書店）。<br>十月一日、東京都名誉都民に推さる。<br>十月十五日、山本和夫著「植物界の至宝　牧野富太郎」出版さる（ポプラ社）。 |

| | | | |
|---|---|---|---|
| 昭和二十九年 | 一九五四 | 九三 | 十二月、寒冒より肺炎となり臥床静養。 |
| 三十年 | 一九五五 | 九四 | 四月、昨年暮より臥床のままにて九十三回目の誕生日を迎える。床中にて「原色植物図譜」の完成を急ぐ。<br>四月二十日、中村浩著「牧野富太郎」出版さる（金子書房）。<br>十一月十五日、上村登著「牧野富太郎伝」出版さる（六月社）。 |
| 三十一年 | 一九五六 | 九五 | 七月七日、重態に陥入るも、奇蹟的に回復する。<br>九月、東京都開都五百年事業の一つとして牧野標本記念館の設置に乗り出す。<br>十月十三日、急性腎臓炎のため病状再び悪化す。 |
| 三十二年 | 一九五七 | 九六 | 一月十八日に死去。 |

# 解説　牧野富太郎に〝触れる〟

いとうせいこう

この随筆集は希代の植物学者・牧野富太郎博士が書いてきた多くの文章から、博士の人生に沿う形で選ばれ編まれた、いわばわかりやすい入門書のようなものである。

そして、その「牧野ベストヒット集」とも言える本の解説を書くことは、私にとって実に名誉なことであり、素直にうれしい。

というのも、私自身が三十年ほどをベランダ園芸（近頃は室内園芸）に費やしてきたからであり、そのおかげですぐに牧野富太郎という偉大な人物を知るに至り、今日までその人に尊敬の念を絶やしたこともなく、と同時にすでに本書の文を読まれた方なら共感していただけると思うが、一度も会ったこともないのに妙な親近感を覚え続けてきたからだ。

その私は三十代前半で誰にも頼まれていないのに園芸に関するエッセイを書き始め、そのうち出版もした。ただただ植物の不思議さに魅《ひ》かれ、その生命を愛し、自分の気持ちを皮肉や冗談という形の親密さであらわして、エッセイ関係の賞さえいただいた。すべては自主的な行動であった。つまりなんの損得も考えていなかった。なにしろその執筆の場はブログであり、ネットから本が生まれるという今では当たり前のコースもまだ存在していなかった頃のことだ。

だから私は牧野富太郎という人物のありようを知った途端、勝手に強烈なシンパシーを覚えた。好きになった。彼もまた、ひたすら植物に魅了され、学者に必然のコースをたどることなく、小学校中退の身でやがて日本のトップを行く大学の研究室に出入りを許され、ついには数千種の植物を同定してしまうからだ。

いや、むろん私はこの人の足元にも及ばない素人園芸家だ。ではありながら、日々植物の状態を観察し、時には仮説を立て、新しい生命のありかたを妄想する。その毎日を牧野博士は決して嘲笑《ちょうしょう》しないだろう。むしろ彼は誰かが決めた学説をそのまま鵜《う》呑《の》みにして研究を進める玄人をこそ批判したのだ。

特に富太郎は自分の手で植物を採集し、それを新聞にはさんだりアルコールをかけたりしつつ、その生態のあらゆる場面をきわめて細い特殊な筆で描きあげ、独学で習得した見事な博物画に残して分類の礎とした。だから彼の家は常に新聞紙の束だらけであり、乾いた植物のかけらは散り、あるいは借金をものともせずに買いまくった最新の研究書や図鑑の集積が常に天井に届かんとしていた。

それらほとんどはつまり、牧野の手に触れたものだったわけで、たとえ顕微鏡でのぞき見た雄しべの先だったにせよ、また花芽の表面の極小の毛だったにせよ、それはやっぱり牧野富太郎が〝触れる〟ように観察した対象なのに違いない。

そして私のような素人園芸家もまた、それほどたくさんの鉢を育てるわけにもいかないからこそ、相手の植物をじろじろ見る。新鮮な気持ちで春の変化を知り、秋から冬への衰えを悲しみながらやはり見つめる。もしくはふと触れる。

そうした時、私はどこかで自分の背後に牧野富太郎の存在を感じる。本書にもあるように高知佐川《さかわ》の造り酒屋に生まれた牧野は（いやもう、いっそのこといつものように「富やん」と言ってしまおうか。私はこの人物に適切な距離を取ることが出来ないのだ。彼の茶目っ気、あるいは彼自身が気取ることを嫌っていた様子などから、私はついついこの偉大な博士を「やん」づけしてしまう。ただし本書にも出てくる寿衛子夫人も実は博士を「牧ちゃん」と呼んでいたらしい）、幼少期から近隣の自然を見つめ続けていた。

私もロケでその佐川の酒屋だった場所の裏手にある小山を訪ねたことがあるが、そこには丈の低いいわば雑草がたくさん繁っていた。そしてその〝丈の低さ〟にこそ、私はひどく感動したものだ。なぜなら子供だった牧野富太郎が斜面を登りながら目の前に見たものこそ、まさにそれら当時はまだ名もなかった低く細く目立たない草花だったに違いないから。

この草はなんだろう？　この草の名は？

富太郎少年はそう考えたに違いないし、すぐさまそれを知る方法があることを知っていた。書物で調べること、ないしは知識を持つ人に質問すること。

さらに彼は、もし名前もなく生態も報告されていないならば、自分が同定し、分類し、命名すればいいのだと知る。

そこにある自主性の強さこそ、我々が牧野富太郎から学ぶべき最大の事柄のひとつだろう。誰かがするのを待つ、誰かがしないなら諦《あきら》める。そういう姿勢を牧野は絶対に取らない。

しかもそのあり方自体、誰かから学んだのではないことが、この本の特に『想い出すままに』でわかるのではないか。むろん優れた教師もいた。友人もあった。だが最も大事なのは、自分で知る、自分で決める。ただただその牧野イズムだったのである。

それが他人との、とりわけ学問世界での年長者と牧野との衝突を招くことにもなる。

だが自然と自己が一対一で向きあうような世界を幼少期から生きてきた人間に、「自分で決めない」ことなど出来ようはずもなかった。もちろん私は牧野がすべて正しいとは思っていない。社会の中では時に「自分で決めない」ことが、社会全体を活気づける。しかしだからといって、富やんにそれを強制する必然はどこにもないというだけだ。

ともかくこうした牧野富太郎のオリジナリティというか、植物愛ひと筋といった姿に励まされながら、私は今も素人園芸家として日々鉢に水をやり、植え替えをし、よくよく対象を見てごくたまに剪定《せんてい》などしながら四季を生きている。

そして最初のエッセイ集を出版したあとだったろうと推測するが、私は高知の牧野植物園に取材で出かけることになる。それは自分にとって忘れ難い時間であった。風吹き渡る五台山《ごだいさん》に、その植物園は広がっている。私がそこで何よりもまず心震わされたのは、広報であれ事務であれ研究員であれ植栽担当者であれ、男であれ女であれ老いも若きも一人一人がそれぞれ目をキラキラさせて働いていることだった。誰もが植物に集中し、少しでも牧野富太郎について語ってもらおうとすればニコニコと笑顔になる。

そこはまさに植物愛のメッカ、牧野愛の楽園だったのである。

ことに私が当時「マキノガールズ」と名付けた女性園丁諸氏が、腰につけたハサミやブラシを無駄なく動かしながら草花に適切な処置を施している姿は忘れられない。各々が何をどうすれば対象の生命を全うさせられるか、彼女らは十二分な知識のもとで太陽の下の身体を役立てていた。つまり、実地に生命に〝触れる〟ことの大切さに貫かれていた。

ちなみに夜はそうしたスタッフの多くが私を歓待してくれ、山を下りた先の居心地のいいバーで深夜まで、その場で作ったゲームに興じたものだ。人懐こさまで、彼らはみな牧野富太郎譲りなのだと私は思ったものだ（実は私の手元に、富太郎が詠んだ俳句、都々逸などなどをまとめてもらったものがあるのだが、そこにはいかにも俗っぽいジョーク、あるいはきつい皮肉などが横溢《おういつ》している。正直、人を笑わせることだけが目的だろうと思われるほどだ。酒屋の息子ながら酒をほとんど飲まなかった富太郎は、おそらく宴席にはよく出てそうした創作を発表し、場を沸かせていたのだろうし、その陽気さも牧野イズムの重要な一項なのに違いない）。

それからも何度となく訪問した牧野植物園の他にも、やはり何度も足を伸ばした場所が東京練馬《ねりま》の『牧野記念庭園　記念館』で、ここには牧野自身が大正十五年以降逝去するまで長く住んだため、例えば自身で植えた樹木などが今なおその場所に残っているし、様々な資料を見ることが出来る。

つまり本書『草木とともに』の幾つかは、そこで見ることの出来る書斎で書かれたのであり、我々読者はありがたいことに現地を訪ねることで文章にリアルな肉感を与えながら読むことが出来る。すなわち文の奥にあるものに手を伸ばし、足を踏み入れて〝触れる〟ことが可能なのだ。これも牧野式だ。

もうひとつ、本書読解の補助線として書いておきたいのは、牧野富太郎がよく地方に出向いては多くの植物愛好家と共に採集会を開いていた事実である。そもそも『自然の中に』の章に出てくる様々なエピソードは、そうしたいわば素人に向けて書かれたものであり、ひょっとすると現場で話してウケた話なのではないか。

その採集会において、牧野は必ずシャツ姿に蝶《ちょう》ネクタイをつけ、ズボンにゲートルを巻いて登場した。一説には「恋する植物に会うための正装」と話していたとも聞くが、いずれにせよ各地の牧野ファンにとってこの〝ステージ衣装〟は気持ちの昂《たか》ぶるものだったろう。こうして牧野博士は植物を採集することを、ひとつのエンターテインメントともしながら方法論を多くの者に惜しげもなく教え、そのことでまた新しい報告を待ったはずだ。

これはまさに机上で研究をするだけの学者には発想も実現も不可能なことであり、同時にいとんでもないアクションだったろう。まるでバンドのライブツアーであり、同時にいわば奏でられる音楽のジャンル自体の普及を目指してしまうのだから。

ゆえにこそ、牧野富太郎は当時の日本でスターのように扱われた。このことは現代では想像しにくいだろうが、厳然とした事実だ。彼のやることはすぐに新聞記事になったのだし、何度も亡くなりかける晩年には特にその容態が逐一報道されたと聞いている。

果たしてそんな学者が他にいただろうか。

いや今、一人でもいるだろうか。

牧野富太郎という人物がなぜそこまで人気を得たのかの一端は、彼がことに力を入れた活動のひとつ、出版物によって知れるはずだし、つまり『草木とともに』はその重要な証拠なのである。

（作家・クリエイター）

## 編集付記

一、本書は、一九五六年にダヴィッド社から刊行された『草木とともに』を底本とし、文庫化にあたり副題を加えた。

一、明らかに誤りと思われる箇所については、『牧野富太郎選集』（学術出版会）と校合のうえ適宜修正した。

一、難読と思われる語や地名・人名には、改めて現代仮名遣いによる振り仮名を付し直した。

一、著者独特の漢字・仮名遣いは、基本的に底本に従うとともに、自作の漢詩、和歌についても、そのまま掲載した。

一、本文中には、「支那」「キチガイナスビ」「朝鮮征伐」「三韓を征伐」「狂人」といった、今日の人権意識や歴史認識に照らして不適切と思われる語句や表現がある。著者が故人であること、また扱っている題材の歴史的状況およびその状況における著者の記述を正しく理解するためにも、底本のままとした。

# 草《くさ》木《き》とともに

## 牧《まき》野《の》富《とみ》太《た》郎《ろう》自《じ》伝《でん》

牧《まき》野《の》富《とみ》太《た》郎《ろう》

令和 4 年 6 月25日　初版発行
令和 5 年 3 月10日　5 版発行

発行者●山下直久

発行●株式会社KADOKAWA
〒102-8177　東京都千代田区富士見2-13-3
電話　0570-002-301（ナビダイヤル）

角川文庫 23235

印刷所●株式会社KADOKAWA
製本所●株式会社KADOKAWA

表紙画●和田三造



●お問い合わせ
https://www.kadokawa.co.jp/（「お問い合わせ」へお進みください）
※内容によっては、お答えできない場合があります。
※サポートは日本国内のみとさせていただきます。
※Japanese text only

Printed in Japan
ISBN 978-4-04-400709-6　C0195

◆◇◇

# 角川文庫発刊に際して

角川源義

第二次世界大戦の敗北は、軍事力の敗北であった以上に、私たちの若い文化力の敗退であった。私たちの文化が戦争に対して如何に無力であり、単なるあだ花に過ぎなかったかを、私たちは身を以て体験し痛感した。西洋近代文化の摂取にとって、明治以後八十年の歳月は決して短かすぎたとは言えない。にもかかわらず、近代文化の伝統を確立し、自由な批判と柔軟な良識に富む文化層として自らを形成することに私たちは失敗して来た。そしてこれは、各層への文化の普及滲透を任務とする出版人の責任でもあった。

一九四五年以来、私たちは再び振出しに戻り、第一歩から踏み出すことを余儀なくされた。これは大きな不幸ではあるが、反面、これまでの混沌・未熟・歪曲の中にあった我が国の文化に秩序と確たる基礎を齎らすためには絶好の機会でもある。角川書店は、このような祖国の文化的危機にあたり、微力をも顧みず再建の礎石たるべき抱負と決意とをもって出発したが、ここに創立以来の念願を果すべく角川文庫を発刊する。これまで刊行されたあらゆる全集叢書文庫類の長所と短所とを検討し、古今東西の不朽の典籍を、良心的編集のもとに、廉価に、そして書架にふさわしい美本として、多くのひとびとに提供しようとする。しかし私たちは徒らに百科全書的な知識のジレッタントを作ることを目的とせず、あくまで祖国の文化に秩序と再建への道を示し、この文庫を角川書店の栄ある事業として、今後永久に継続発展せしめ、学芸と教養との殿堂として大成せんことを期したい。多くの読書子の愛情ある忠言と支持とによって、この希望と抱負とを完遂せしめられんことを願う。

一九四九年五月三日

# 角川ソフィア文庫ベストセラー

## 銀座アルプス　寺田寅彦

近代文学史の科学随筆の名手による短文集。「電車と風呂」「鼠と猫」「石油ランプ」「流言蜚語」「珈琲哲学序説」等30篇。写生文を始めた頃から昭和8年まで、寅彦の鳥瞰図ともいうべき作品を収録。

## 科学歳時記　寺田寅彦

電車、銀座の街頭、デパートの食堂、花鳥草木など、生けるものの世界に俳諧を見出し、人生を見出して、科学と融合させた独自の随筆集。「春六題」「蓑虫と蜘蛛」「疑問と空想」「凍雨と雨氷」等39篇収録。

## 科学と文学　寺田寅彦

日本の伝統文化に強い愛情を表した寺田寅彦は、芸術の本質に迫る眼差しをもっていた。科学者としての生活の中に文学の世界を見出した「映画芸術」「連句雑俎」「科学と文学Ⅰ」「科学と文学Ⅱ」の4部構成。

## ピタゴラスと豆　寺田寅彦

随筆の名手が、晩年の昭和8年から10年までに発表した科学の新知識を提供する作品を収録する。表題作をはじめ、「錯覚数題」「夢判断」「三斜晶系」「震災日記より」「猫の穴掘り」「鳶と油揚」等全23篇。

## 読書と人生　寺田寅彦

近代市民精神の発見であると共に、寅彦随筆の転換となった「丸善と三越」をはじめ、「読書論」「人生論」「科学者とあたま」「科学に志す人へ」「わが中学時代の勉強法」「『徒然草』の鑑賞」等29篇収録。

# 角川ソフィア文庫ベストセラー

## 天災と日本人 寺田寅彦随筆選
寺田寅彦　編／山折哲雄

地震列島日本に暮らす我々は、どのように自然と向き合うべきか——。災害に対する備えの大切さ、科学と政治の役割、日本人の自然観など、今なお多くの示唆を与える、寺田寅彦の名随筆を編んだ傑作選。

## 春宵十話
岡　潔

「人の中心は情緒である」。天才的数学者でありながら、思想家として多くの名随筆を遺した岡潔。戦後の西欧化が急速に進む中、伝統に培われた日本人の叡智が失われると警笛を鳴らした代表作。解説・中沢新一

## 春風夏雨
岡　潔

「生命というのは、ひっきょうメロディーにほかならない。日本ふうにいえば〝しらべ〟なのである」——科学から芸術や学問まで、岡の縦横無尽な思考の豊かさを堪能できる名著。解説・茂木健一郎

## 夜雨の声
岡　潔　編／山折哲雄

世界的数学者でありながら、哲学、宗教、教育にも洞察を深めた岡潔。数々の名随筆の中から科学と宗教、日本文化に関するものを厳選。最晩年の作「夜雨の声」ほか貴重な作品を多数収録。解説／編・山折哲雄。

## 風蘭
岡　潔

人を育てるのは大自然であり、その手助けをするのが人間である。だが何をすべきか、あまりにも知らなさすぎるのが現状である——。六十年後の日本を憂え、警鐘を鳴らした岡の鋭敏な教育論が冴える語り下ろし。

# 角川ソフィア文庫ベストセラー

## 一葉舟　岡　潔

「人が現実に住んでいるのは情緒としての自然、情緒としての時の中である」――。釈尊の再来と岡が仰いだ山崎弁栄の言葉や芭蕉の句を辿り、時に脳の働きにも注目しながら、情緒の多様な在り方を探る。

## 青春論　亀井勝一郎

青春は第二の誕生日である。友情と恋愛に対峙する「沈黙」のなかで「秘めごと」として自らの精神を育てなければならない――。新鮮なアフォリズムに満ち生きることへの熱情に貫かれた名随筆。解説・池内紀。

## 文学とは何か　加藤周一

詩とは何か、美とは何か、人間とは何か――。後年、戦後民主主義を代表する知識人となる若き著者が果敢に挑む日本文化論。世界的視野から古代と現代を縦横に行き来し、思索を広げる初期作品。解説・池澤夏樹。

## 陰翳礼讃　谷崎潤一郎

陰翳によって生かされる美こそ日本の伝統美であると説いた「陰翳礼讃」。世界中で読まれている谷崎の代表的名随筆をはじめ、紙、厠、器、食、衣服、文学、旅など日本の伝統に関する随筆集。解説・井上章一

## 恋愛及び色情　谷崎潤一郎　編／山折哲雄

表題作のほかに、自身の恋愛観を述べた「父となりて」「私の初恋」、関東大震災後の都市復興について書いた「東京をおもう」など、谷崎の女性観や美意識について述べた随筆を厳選。解説／編・山折哲雄

# 角川ソフィア文庫ベストセラー

## 毎日の言葉
柳田国男

普段遣いの言葉の成り立ちや変遷を、豊富な知識と多くの方言を引き合いに出しながら語る。なんにでも「お」を付けたり、二言目にはスミマセンという風潮などへの考察は今でも興味深く役立つ。

## 先祖の話
柳田国男

人は死ねば子孫の供養や祀りをうけて祖霊へと昇華し、山々から家の繁栄を見守り、盆や正月にのみ交流する――膨大な民俗伝承の研究をもとに、古くから日本人に通底している霊魂観や死生観を見いだす。

## 火の昔
柳田国男

かつて人々は火をどのように使い暮らしてきたのか。火にまつわる道具や風習を集め、日本人の生活史をたどる。暮らしから明かりが消えていく戦時下、火の文化の背景にある先人の苦心と知恵を見直した意欲作。

## 数学物語 新装版
矢野健太郎

動物には数がわかるのか？　人類の祖先はどのように数を数えていたのか？　バビロニアでの数字誕生からパスカル、ニュートンなど大数学者の功績まで、数学の発展のドラマとその楽しさを伝えるロングセラー。

## 確率のはなし
矢野健太郎

25人のパーティで同じ誕生日の2人が出会うのは偶然？　それとも必然？　期待値、ドゥ・モルガンの法則、パスカルの三角形といった数学の基本へ。世界的数学者が、実例を挙げてやさしく誘う確率論の基本。

# 角川ソフィア文庫ベストセラー

## 空気の発見
三宅泰雄

空気に重さがあることが発見されて以来、様々な気体の種類や特性が分かってきた。空はなぜ青いのか、空気中にアンモニアが含まれるのはなぜか――。身近な疑問や発見を解き明かし、科学が楽しくなる名著。

## 世界を読みとく数学入門
日常に隠された「数」をめぐる冒険
小島寛之

賭けに必勝する確率の使い方、酩酊した千鳥足と無理数、賢い貯金法の秘訣・平方根――。整数・分数の成り立ちから暗号理論まで、人間・社会・自然を繋ぎ合わせる「世界に隠れた数式」に迫る、極上の数学入門。

## 神が愛した天才科学者たち
山田大隆

メモ魔だったニュートン、本を読まなかったアインシュタイン、酒好きだった野口英世ほか、天才たちの意外な素顔やエピソードを徹底紹介。偉業の陰にあったドラマチックな人生に、驚き、笑い、勇気をもらう。

## 読む数学
瀬山士郎

XやYは何を表す？ 方程式を解くとはどういうこと？ その意味や目的がわからないまま勉強していた数学の根本的な疑問が氷解！ 数の歴史やエピソードとともに、数学の本当の魅力や美しさがわかる。

## とんでもなく役に立つ数学
西成活裕

〝渋滞学〟で著名な東大教授が、高校生たちとの対話を通して数学の楽しさを紹介していく。通勤ラッシュや宇宙ゴミ、犯人さがしなど、身近なところや意外なシーンでの活躍に、数学のイメージも一新！